# 好きなことを仕事に変えた「わたし」の生き方

# MY WAY OF LIFE

THAT TURNED WHAT I LIKE INTO WORK


青木悠　上田あい子　浦野里美　佐々木映美　春原舞　髙橋由妃江
高橋ゆきこ　俵未來　富田祥恵　中田見雪　中村あい　中山静子　二反田恭子
Nocchi　藤中夏実　前田曜子　宗像有美　momo



Rashisa

# 好きなことを仕事に変えた
# 「わたし」の生き方

# 諦めさえしなければ、好きなことは仕事に変えられる　―はじめに―

たくさんある書籍の中から、本書を手にとってくださり、ありがとうございます。

「好きなことを仕事にする」

最近ではSNSを始め、色々なところでこの言葉を目にするようになりました。もしかしたら、あなたは「好きなことを仕事にする」という言葉を見かけたとき、このように感じているかもしれません。

「好きなことを仕事にして働くのは、とても理想だけど現実的に考えると、今の私だと難しそう」

就職・結婚・妊娠・出産・子育て・親の介護など目まぐるしくライフステージが変わる中で今の自分にはとてもじゃないけれど、現実的な生き方ではないと考えている方は多いのではないでしょうか。

しかし、世の中を見渡せば、そんな目まぐるしくライフステージが変わる中でも、自分の生き方に不満を感じ、「好きなことを仕事にする」と勇気を振り絞って挑戦している方もいます。

今回、本書では実際に好きなことを仕事に変えた18名の女性起業家を取り上げ、自分らしく生きる今の状態になるまでのストーリーを赤裸々に綴って頂いています。

当然、彼女たちも今のあなたのように悩んでいる時期がありました。しかし、それぞれにあるきっかけがあり、一歩踏み出したからこそ「今」があります。

あなたも18名のストーリーを読み進めていく中で必ずヒントが見つかり、一歩踏み出す勇気をもらえるはずです。

もし、次の項目に一つでも当てはまるなら、本書を読み進めて頂ければと思います。

◇好きなことを仕事にしたいけれど、現実的に難しいと考えている
◇今の生き方・働き方に不満を感じている
◇やりたいことはあるけれど、一歩踏み出す勇気がでない

諦めさえしなければ、理想は現実になります。それを18名の女性起業家が背中で見せてくれています。
あなたも彼女たちの背中を見ることで「私にもできるかもしれない」と希望を持てると思います。

では、前置きはこれくらいにして、一緒に彼女たちの物語を見にいきましょう。
読み終えた瞬間の希望に満ち溢れたあなたとお会いできることを楽しみにしています。

Rashisa（ラシサ）出版編集部

Contents

好きなことを仕事に変えた

「わたし」の生き方

事業承継し拡大していく中で
工夫した仕事と子育ての両立！
経営経験10年からの新たな挑戦

NPO法人ソーシャルサポートセンターひょうご　代表理事
株式会社Elsias／経営コンサルタント

青木悠

## 32歳で見つかった病気で
## ワークライフバランスから
## ビョーキライフバランスに変わった
## 私らしい生き方

P＆Cプランニング株式会社 代表取締役
NPO法人ウィッグリングジャパン 代表理事
上田あい子



## あるＴＶ番組での一つの選択が
## 人生を変えた！
## 美容商材メーカーになるまでの道のり

株式会社ビューティーマイスター　代表取締役
美容起業コンサルタント
浦野里美

50人以上のIT企業へ成長させた
創業前から大切にしている
「人」と「仕事」に対する向き合い方

株式会社ＶＩＴＡ 代表取締役

## 佐々木映美



25歳で美容室を開業し、
すべての逆境をプラスに捉えて
乗り超えてきた起業物語

美容室 Fortuna 代表

## 春原舞

## 教員を辞めてネイルサロンを開業！
## 人の目にとらわれない
## 自由に生きるための考え方

株式会社 kirkas 代表取締役

# 高橋由妃江



## 銀座で貯金 20 万円からスタートした
## ジュエリーデザイン事業！
## 人生を楽しむために大切な
## 感情コントロール法

株式会社 Étoile D'or International 代表取締役

# 高橋ゆきこ

「過去の自分が嫉妬するくらい
欲張りに生きる」をモットーに
人見知りからＢａｒを経営するまでになった
挑戦ストーリー

株式会社ミスティーク 代表取締役

## 俵未來



アパレル業界から飲食業界へ転身し起業！
人と人との繋がりを大切にすることで生まれる
新事業への挑戦

株式会社祥菊 代表取締役

## 富田祥恵

生活保護・借金生活になっても、
力強く希望を持ち続けた私が
出会いをきっかけに起業して
高齢出産から週末ホテル生活を
できるまでになった生き方

丸新株式会社 代表取締役

# 中田見雪



命を失いかけた経験から考え方が変化し、
好きな仕事だけをやる人生に変えた
生き方&働き方

株式会社アイル 代表取締役

# 中村あい

ビジネスパートナーとの決裂から
「見返してやる！」という底力で
サロンとスクールを立ち上げた
起業ストーリー

一般社団法人ＳＥＡＳメディカルリンパアカデミー® 代表理事

## 中山静子



諦めなければ夢は叶う！
融資を断られたものの、２年越しに実現した
個室トータルビューティーサロン開業！

株式会社 Bijou Garnet 代表取締役
一般社団法人日本美容総合協会 代表理事

## 二反田恭子

アメリカと日本で会社を設立！
行動しまくったからこそ気づいた
行動だけでは足りない「１つのピース」

株式会社 HDI 代表取締役

## Nocchi



知識・経験０から大崎上島へ移住し、
オーガニックレモン農家になった道のり

ふじやファーム 代表

## 藤中夏実

## 好きなことを仕事にした「わたし」が
## 癌になって気づいた本当に大切にするべきもの

インテリアデザイン／不動産会社 代表

momo

# 事業承継し拡大していく中で工夫した仕事と子育ての両立！経営経験10年からの新たな挑戦

NPO法人ソーシャルサポートセンターひょうご　代表理事
株式会社Elsias／経営コンサルタント

## 青木悠

1984年、兵庫県生まれ。高校卒業後、様々なバイトを経験。その後、中古車販売会社に就職。退職後は母の事業を継ぎ、24歳で法人代表に就任。福祉資格を取得するため、専門学校に通いながら事業展開。29歳で長男を出産。現在、二児の子育てをしながら会社を2社経営している。個人事業者、経営者向けコンサルタントの依頼が増えたことから、3社目となるコンサルタント会社の立ち上げを計画中。37歳で投資を学び、海外の社債や海外事業の知識を深めている。

## 1日の
## スケジュール

06:00　起床、準備

07:00　朝食、身支度、子供の送迎

08:00　メール・LINE チェック、
仕事スタート

09:00　各担当者と打ち合わせ、会議

12:00　昼食

13:00　各担当者と打ち合わせ、会議

17:00　仕事終了、子供のお迎え、子供の習い事送迎

18:00　夕食準備

19:00　夕食、入浴、子供の時間

21:30　子供就寝

22:00　zoom 打合せ、資料作成、
翌日の準備

24:00　就寝

## 母からの事業承継

母から事業を引き継ぐ前は、全国展開している中古車販売の会社で働いていました。主に人事を担当していましたが、後に会計も担当させていただきました。

その会社に2年ほど勤めた頃、母から「障がい福祉のグループホームを増やす計画があるんだけど、事務的なことも含めて手伝う気はない？」と聞かれました。

せっかく正社員で雇っていただいた会社で、まだ覚えたい仕事もあったし、環境が変わることへの不安もありましたが、私が覚えた事務関係のお仕事が母の助けになればという思いで、24歳の時に会社を退職しました。

勤めた会社には今まで経験したことがない業務を教えてもらったので感謝しています。短い期間ではありましたが、大きな金額の財務管理を任されたことは、その後も生きた経験になりました。

その後、母が運営していたグループホームで仕事をはじめました。小規模なので事務作業といってもそれほどの量ではなく、私は障がいを持たれている方の支援にほとんどの時間を使うことになりました。入居者の方とは近い距離感にいましたので、身の回りのお世話や、自立に向けた支援にとてもやりがいを感じていました。

グループホーム事業は、看護師だった母が阪神淡路大震災後に立ち上げた事業でしたが、事業を発展させるため、母と代表を交代。法人格を取得し、代表に就任しました。当時は、経営者になりたいなど全く考えていませんでした。事業を引き受けた理由は、目の前に利用者さんがいて、必要とされている事業だと思っていたからです。だから、母の事業を残すべきだと、当たり前のように誰かがやらないといけないことを私が任されたのだと考えていました。責任の重さや今後の不安は漠然とありましたが、それ以上に専門的な知識を得たいと必死だったことを覚えています。

引き継いだ後に手を付けたことは財務と人です。財務状況や把握の仕方が分からず、人に聞いたり自分で調べたりの繰り返しでした。人に関しては、とにかく仲間を作ろうと思い求人を出しました。

## 不安や恐怖に打ち勝つ方法

グループホームに住まわれている方々は、日中時間を持て余してしまうことが多々あります。少しでも働く場を提供したいと思い、就労継続支援Ｂ型という事業を新たに開所する計画となり、26歳で８００万円の借り入れをしました。

就労継続支援Ｂ型とは、障がいをお持ちの高校卒業後から介護保険を受けるまでの年齢で、体調や症状、コミュニケーションが取りづらかったり、負担を感じたりするような方を対象に受け入れ、働く場を提供する事業です。

26歳の私にとって、８００万円の借入は多額のもので、事業が失敗したらどうしようと頭をよぎりました。今でこそ借入をしますしお金の運用もしていますが、当時の私にとっては不安が大きかったです。

ただ回収の見込みはありましたし、失敗することより成功するイメージの方がどちらかといえば強かったです。それに当初は、若かったこともあるのか性格なのか、努力をすれば何でもできると思い込んでいました。

今だったら想いだけではなく、どうしたら成功するのかをもっと分析したうえで開設したのではないかと思いますが、当時は勢いの方が勝っていました。

不安な時やメンタルが弱っている時は、今だけを見ないで、3年後、5年後、10年後の自分を想像して、ビジョンを確かめ、行動がぶれないように気をつけています。

方向性が間違っていないか、ぶれていないか、修正が必要か、一旦決めた目標であっても定期的に見直すようにしています。

メンタルの部分でいうと、もうひとつ気を付けていることは、決めたらやることです。

その日の気分や状況によって変化させず、「決める」→「やる」→「分析する」を繰り返すことで継続ができると考えています。本来は気分屋で飽き性の私には、このサイクルを回すことがとても重要です。

29歳の時に、1人目の長男を出産しました。子供がとても欲しかったのに授からない期間が長かったこともあり、ものすごい感動と可愛さでした。ですが夜泣きが凄まじく、1年半ほど不眠の中の仕事・家事・育児で、上手くいかないことに苛立ったり泣いたりしたことも多々ありました。

そこで仕事の日と休日は区別し、仕事の日は保育園に預け、休日は子供とめいっぱい一緒に楽しもうと毎週プランを考え、時間をつくるようにしました。

結果、私の心に余裕ができた分、子供との時間を大切にしたいと思うようになりました。人と比べたり、みんなと同じようにしたほうがいいなどという考えをしていると、その時間こそがもったいないので、後で自身も家族も後悔しないような選択ができるとベストなんだと思います。

子供は親のことをよく見ていますし、お互いが良き理解者なので、話ができるような年齢になったら「私はこう考えているけど、どう思う？　そういう考えもあるんだね」と何か選択をする際には子供の考えや気持ちを聞いてみるようにしています。子供もいずれ何かを選択するときには、私にも相談してほしいなと考えています。

## 障がい福祉サービス事業の現状

私が運営している事業は「障がい福祉サービス事業」です。障がい福祉サービスは、児童から成人の方までが対象で、入所や通所、訪問サービスなど幅広い種類があります。その中で弊社は、グループホーム、就労継続支援Ｂ型、放課後等デイサービス、児童発達の事業を行っています。障がいを持たれた方の住む場所、働く場所、学ぶ場所、療育の場所を提供しています。障がいの種別や有無にとらわれず、自分らしく生きていける場所を提供できるように日々努めています。

世の中には障がい福祉サービスを利用している方だけではなく、サービスを利用していない方で家から出られない方もたくさんおられます。学校や社会で疎外感を感じたり、人との違いを理解してもらえなかったり、家庭環境に問題が生じていたり……社会全体の課題は大きいと感じます。

現在取り組んでいることの一つとして、障がいを持っていても社会に必要とされる、そして親亡き後も周りの手を借りながら生活ができる、食べていけるように、企業の方に障がいとは何かを理解してもらえるように交流したり、企業と一緒になってできることを模索しています。まずは知ってもらい、身近に感じていただきたいと思っています。

利用者数の推移は年々増加している傾向にあります。他業態の方々も参入されてきているので、事業所自体が増加しており、事業所数が少なかった頃と比べると、比較的、利用者さんはサービスの内容はもちろん、環境も選べるようになりました。

事業所は選ばれる時代です。同じサービスでもそれぞれの会社や事業所で特色を出し、選択肢の多さや多様性が求められています。

## あなたらしさを発揮できる場所で

女性はとにかくタスクが多いと感じています。私は、結婚、出産、子育て、仕事、何もかも諦めたくないと踏ん張ってきました。これからご自身で起業をされる方も、一つも諦めないで良い選択をしてほしいなと思っています。

不器用な私ですが、目標設定を必ず定期的に行い、見直し、行動に落とし込んでいます。そうすることで無駄が見えたりして、優先順位を間違えないよう心掛け、今こうして成り立っています。

現在、障がい福祉サービスに加え、訪問看護事業も経営しています。その他にも、CEO相談や事業コンサルを請け負う機会も増えてきました。

私自身、何もわからないところからの求人、スタッフ面談、スタッフ育成を行ってきましたので失敗も多々ありました。そんななかで、今現在スタッフのことで困り感がある方や、今後の事業展開に迷いがある方、個人事業の方から中小企業CEOまで幅広くご相談を伺うことで、私自身もすごく勉強になっています。

1人目の子供が産まれた頃は、まだまだ器用に立ち回れませんでした。毎日現場で働いていましたので、周りと比べてゆっくり時間がとれず、周囲の方の子育て環境と比べて、子供が可哀想になり、よく泣いていたのを覚えています。

その結果、子育てと仕事はどちらも「ながら」でやると良いことはないなと思いました。子供と向き合う時間は子供ときちんと向き合うべきですし、また仕事も同じです。

ですから、本当に自分の大切な家族、子供との時間がどれだけ必要で、どうしたら私なりに大切にできているのかを決め、決めたことを守るためにはどうしたら良いのか？を深く考えたことがあります。私が仕事をする一番の理由は、家族を守るためですから。

どれだけ効率よく仕事を回すのか、何を他者に任せて自身は何をやるべきなのか、決めて実行するだけという形にしています。そうすることで子供ときちんと向き合える時間を確保しています。

現在38歳になり、幼少期を振り返ってみると、人と考え方の不一致を感じることが多かったです。でもかなり空気を読む子供ではあったので、合わせないといけないんだろうなと思い、他人と比較することが多い人生だったなと思います。もっと私自身の得意なところや、私にしかないものをつくるつもりで自信をもってきたら良かったなと思います。

最近、殻を破るようにしていて、人と違う考えでも私は私と思うようになり、自信をもって自分の意見をとことん言えるようになりましたし、人の話や意見もより聞くようになりました。

人とあまり比較しないでください。

あなたはあなたの良さを発揮できる場所や仲間を増やしてくださいね。

青木悠

## あなたへの
## メッセージ

決めたらやる！

その日の気分や
状況によって変化させず、

「決める」↓「やる」↓「分析する」

を繰り返すことで継続できる

青木悠さんへの
お問合わせはコチラ

青木悠

# 32歳で見つかった病気でワークライフバランスからビョーキライフバランスに変わった私らしい生き方

Ｐ＆Ｃプランニング株式会社 代表取締役
ＮＰＯ法人ウィッグリングジャパン 代表理事

## 上田あい子

1974年、福岡県福岡市生まれ。西南学院大学卒業後、九州朝日放送株式会社に入社。報道制作局に配属中、育児をしながら働く中でワークライフバランスに挫折。女性が幸せに自分らしく働ける会社を作りたいと自らがロールモデルとなるために起業。ＳＮＳ集客、売れる話題作り、ブランディングの仕事を行いつつ、自社メディア「チアーズスタイルTV」では、医療情報、病気の体験談など女性を元気にする生活情報を発信中。がん治療中の女性のための情報サイト「チアーズケア」、ビジネス交流会「チアーズフレンズ」の運営、商品プロデュースなど「女性を幸せにする総合商社」として幅広く手掛けている。

## 1日の
## スケジュール

06:30　起床　オンライン勉強会参加、散歩、朝食など

08:30　メールチェック、予定確認、出社移動

10:00　社内ミーティング、サロン接客

11:00　打ち合わせ、資料作成など

12:00　YouTube ライブ／ Facebook ライブで専門家とトーク番組

13:30　昼食　情報収集

14:30　インタビュー撮影・取材、動画素材の編集確認チェックなど

16:00　YouTube ライブ／ Facebook ライブで情報発信

17:30　経営の勉強会（移動途中で買い物）

20:00　自社のオンライン勉強会の運営

21:30　夕食

22:30　お風呂、翌日の準備

24:00　就寝

## 希望は絶望の中に　救ってくれた貴重な出会い

「一隅を照らす」という言葉を大事にしています。

私は九州で生まれ育ちましたが、父の仕事の関係で小学校を3回転校しました。誰も知らないところに入っていく孤独感と不安。この体験が私の原点のような気がします。

小学生の頃は、地域情報や流行を知る手がかりがテレビしかない時代。クラスの中でも、ドラマや歌番組などが共通の話題となっていたこともあって、テレビというメディアが人を笑顔にする、地域を元気にする、友達と仲良くなれる、社会貢献に繋がる仕事だと思い、華やかなテレビの仕事に憧れを持ちました（実は英語の先生になることも夢のひとつでしたが、大学入試で英文科に落ちてこの夢は散りました（笑））。

学生時代はバレーボールに明け暮れ、高校受験・大学受験では、それぞれ自分の学力に応じた学校に入学。文武両道を目指して努力しましたが、特別に何かしらの強い想いや目的がなく進学をしました。そして、何となく入学した大学では、バレーボールのサークルとアルバイトで人並みの大学生活。何となく流されていく自分に対して何かモヤモヤしていました。

高校も大学もどこか妥協しながら学生生活を過ごしてきたことに少し悔いがあり、就職活動が自分にとっての最後の試験だと考えました。競争率が高いテレビ局の就職試験に挑戦することが自分への挑戦だというチャレンジ精神で、大学2年生の頃から就活対策を始めました。

時事問題やSPIの勉強、面接で印象に残る自己PRの練習を重ねて、全国のテレビ局を受験。たくさん落ちましたが、何とか福岡のテレビ局に入社できました。

念願叶って入社したテレビ局では、情報番組の制作現場に配属。帯番組の取材、編集、生放送の仕事、季節のイベント企画など、さまざまな業務を担当し、多忙ながらも刺激がある楽しく充実した日々を送りました。

入社数年後に結婚、出産。保育園入園時期の4月に合わせて息子が生後4ヵ月で仕事復帰しました。当時は、産休を取ることでキャリアが中断することで、現場の業務から置いていかれるという焦りと恐怖がありました。産後の体調管理が疎かだったことを反省しています。幼子を抱えて現場の仕事をする同じ境遇の先輩がおらず、仕事との両立をどうしたらいいのか悩みました。「ワークライフバランス」という言葉が出てきた頃でしたが、バランスがとれずに、仕事と子育ての両立に限界を感じてしまったのです。

急な仕事が入ってくる、子どもは熱を出す、とにかく予定通りにいかない。子どもとの時間をもっと取りたいし、美容室やエステにも行きたいけどそんな余裕がない……と自分の不器用さにイライラして自信を無くしていました。

絶賛孤軍奮闘中の私が救われたのは、インターネットで知り合った働く母のコミュニティ「ムギ畑」でした。同じマスコミ業界の勤務の方も多く、それぞれに仕事と子育ての両立の悩み、知恵を持ち寄って支え合う。自分の人生を自分らしく生きることを応援してくれる仲間の存在で、私はひとりじゃないことを実感し、再び仕事に前向きに取り組むことができました。今考えると、上手にバランスをとろうとせず、ワークもライフも線引きせず、適当に手抜きすれば良かったのにと思います。

暗闇の中、仲間に温かく照らしてもらった私は、次は私が暗闇の中にいる女性を元気にする、一隅を照らす存在になりたいという想いを持ち、女性コミュニティ「チアーズ」を作りました。自分自身の体験を通じて、心の暗闇を照らすことができるのは人との出会いしかないと実感したからです。

ふとした出会いが希望を運んできてくれました。出会いは財産ですね。

## 大きな転機に導かれて気付いた大切なこと

息子が小学校に入学した頃、福岡で震度5の西方沖地震が起こりました。災害情報を伝える使命がある放送局ですので、報道番組の取材のために会社から緊急招集の連絡が来ます。余震がある度に息子を自宅に置いて取材に行く日々。報道の仕事とはいえ、息子を放置して（実家に預けておりましたが）、仕事をしている場合なのか？　何のために仕事をしているのか？　責任感って何？　私の存在意義って何？　将来の息子の学費のために今は我慢するべき？　私は悪い親？と、頭の中がぐちゃぐちゃで自分を責めていました。

そんな時、父から質問されました。「お前は何のために仕事をしているのか」と。咄嗟に「将来、息子が留学したいとか、やってみたい習い事など、子どもの夢を叶えるために経済的な余裕を持ちたいから」と答えました。その後、父から「それは15歳や18歳まで、大きな問題なく元気にまっすぐ育ったら、の話だ。今子どもと向き合わなくて、このまままっすぐ育つと思うのか。大事なのは〝今〟なんじゃないか？」と言われました。

私なりに「未来の幸せを考えて、今頑張って仕事をしている」という体の良い言い訳をしながら、一番大事な〝今〟がおざなりになり、今を見ないふりをしていたことに気付きました。

「そうか、今向き合った先に未来はあるのか」と。当たり前のことなのですが。

とはいえ、毎日の仕事と家事と育児をこなすことに精一杯。その後も立ち止まることもなく、日々の多忙な生活は変わらず続いていました。

そんなある日、突然のめまいで倒れてしまいます。歩けないくらいのめまい。目の前がくるくる回って強い吐き気があるという初めての症状でした。

医療情報番組の制作経験があり、数百名の医師の取材をしていたので病気については多少の知識がありました。めまいと言えばメニエール病かなと。疲れとストレス、睡眠不足が原因だろうと高をくくっていました。

実は小中高を無欠席で過ごしてきたこともあり、健康と根性には自信がありました。さっさと耳鼻科に行ってお薬をもらえば治るだろうと思い、診察をしてもらったところ、めまいの検査の眼振で脳に異常があるかもしれないと言われました。早く脳の検査をしてくださいと……。とにかく驚きしかありませんでした。

忙しい職場だったので会社の上司には嫌味を言われましたが、5日間の検査入院をしました。そこで発覚したのが脳動脈瘤と膠原病。30代で脳動脈瘤が見つかった場合、動脈瘤が急に大きくなって破裂する、くも膜下出血の危険性が一番怖いと言われました。

医療番組でさまざまな病気の治療や予防について情報発信している立場でも、自分のことになるとパニックになるものです。

脳動脈瘤の経過観察と膠原病の治療を条件に職場復帰を許されましたが、脳や免疫の病気は見た目には全く分からず、疲れやすいとかだるいという自覚症状しかなくて、周りには理解されにくい病気です。主治医からは、屋外での長時間の立ち仕事や血圧の変動が出るような仕事を避けるようにと注意をされましたが、職場では考慮をしてもらえず、相変わらずのハードな現場。ただでさえ小学生の子どもがいる立場で、さらに健康上の問題があることで迷惑な存在だと言われ、病気になった私が悪いのかなと落ち込みました。忙しい職場の中で肩身が狭い思いをしていました。

周りに分かってもらえないことと身体の調子が優れない状況で悲観的になり、もし、あのめまいで脳動脈瘤が見つかっていなかったら、くも膜下出血で急死していたのではないかなど、寝る前にいろいろと暗いことを考えて一人で泣いている時期もありました。「どうして病気になっちゃったのかな。このまま死にたくないよね」と。

突然の病気で自分の人生・命と向き合い、使命を考える機会となりました。

一度の人生、自分らしく生きることにチャレンジをしてみようと思い、テレビ局を卒業することを決めました。

## どんな女性も自立できる社会を目指して

「自立」には、社会的自立、経済的自立、精神的自立など複数の意味合いが必要ですが、女性に限らず「自立」は自分らしく生きていく必要条件だと考えています。孤独と不安で自分に自信を持てず、病気になって辛い思いをした私ですが、その都度、人との出会いに救われて、人との繋がりに支えられながら、経験を重ね、思慮を深めて少しずつ強くなれました。（いい意味でおばさん化です）

個人事業でも起業でも、事業形式のこだわりはありませんでしたが、「サラリーマンの娘に経営ができるはずがない」と言われることもありました。まずは女性コミュニティを運営しながらマーケティング事業を始めました。具体的には、集客企画、モニター募集など、女性の感性や意見を商品開発や販促企画に役立てるといった女性と社会を繋げる事業です。ほかにも動画制作やイベント企画など頼まれることは何でも全力でやってきました。

多くの女性と仕事をしながら、女性には多くのライフステージがあることに改めて気付きました。性差を取り立てる時代ではありませんが、男性に比べて女性は年齢による体の変化が多く、個人差もあり直面する課題が複雑なのです。

生理不順、ＰＭＳ、妊娠、出産、不妊、育児、介護、更年期、不調、仕事、家事……。

これらに加えて、私が想像していなかった課題が出てきました。それは「がん」です。脳動脈瘤と膠原病を抱えている私ですが、「がん」は特別な恐怖をはらむ病気だと感じました。医学の進歩のおかげで、早期発見・早期治療で治る病気になってきていますが、転移という不安、進行度によって治療の条件が異なること、様々な副作用、高額な治療費。

テレビ局時代に医療番組を担当していたので、普段から病院選びや身体の不安などの相談を受けることが多かったのですが、ある日、幼馴染から乳がんが見つかったという連絡がありました。35歳なのに？　抗がん剤？　手術？　入院？　仕事はどうなるの？　と、とても動揺したことを覚えています。「抗がん剤での副作用で髪が無くなるらしいよ」美容意識が高く、キャリアウーマンの彼女が不安そうに言いました。

がんの告知だけでも相当なショックなのに、外見まで変わってしまうなんて、どんなに不安だろうかと胸を痛めました。私に何かできないだろうかと考え、数年前にがん治療を経験した年上のママ友に電話をして事情を話しました。「がん治療は辛いけど私も乗り越えたから大丈夫。がんばってと伝えてね」というメッセージと共に、ママ友が治療中に使っていたウィッグを預かりました。後日、預かったウィッグを幼馴染に渡したところ、「私だけじゃないんだね。怖いけど私も治療がんばる」と。私のおせっかいで気を悪くするかもしれないと思っていましたが、同じ境遇の人の存在が勇気になったようでした。

その時に、経験者じゃないと伝えられない言葉があると感じました。

がん治療中の外見ケア、心のケア、治療費の経済的な負担、生活上の不安、職場での理解不足、家族との関係、仕事との両立など、治療中にも治療後にも多くの課題があります。このような社会の課題を解決することこそ、私が目指すソーシャルビジネスなのではないかと、女性のライフステージに「がん治療」を追加。右も左も分からないままに、がん治療をしているドクターや患者会を訪問し、治療中はどんなことに困るのか、治療中にどんな支援がほしいかなどインタビューをしました。

そこで出会ったのが、乳がん、肺がんを経験したカリスマのがんサバイバー。どの世界にもカリスマはいるもので、とても明るい女性です。30年以上、女性がん患者の悩みを聞いて支援をしている方でした。私自身はがん治療の経験がありませんので、いろいろなことを教えてもらいながら、どうしたらがん患者の支援になるのかを二人で何度も話し合いました。

不安な気持ちでいっぱいのがん患者に、追い打ちをかける抗がん剤などの副作用。吐き気や口内炎、倦怠感のほか、髪の毛も眉毛も睫毛も無くなります。私じゃなくなるという恐怖心。人に会えないという孤独感。おしゃれをしたくても医療用ウィッグは高価なので気軽には買えません。そこでウィッグをリサイクルして活用することができないかと考えました。経済的負担、精神的負担を無くして「がん治療と仕事の両立」、「がん治療と子育ての両立」、そして何よりも「がん治療中も私らしく生きることを応援したい」という想いだけで、使い終わったウィッグを集めて回りました。

ビジネスというよりも、目の前の人を笑顔にしたい、寄り添ってあげたいというボランティア精神でスタートした活動ですが、思いがけず多くの賛同があり、あっという間にウィッグが100個、200個と集まりました。ひとつひとつのウィッグには想いと物語があって、ウィッグは勇気のバトンとなっています。リサイクルウィッグがこれからがん治療に立ち向かう人を支えてくれていることを感じます。

活動を始めて12年が過ぎ、すでに8000個を超えるウィッグが集まっていますが、それらのウィッグの管理や患者さんの試着カウンセリングなどの業務においては、がんサバイバーのスタッフが活躍しています。

病気になっても不安が少ない社会を目指して、どんな女性も笑顔で過ごせるインフラを作り、女性が社会とつながり自立できる事業を作ることに試行錯誤しながらも、仕事に挑戦できる幸せを感じています。

## 人生は自分の中にある宝探し

32歳で脳動脈瘤が見つかり膠原病と診断されてから、不調を抱えるこの身体と決して強くはない心を持ち合わせている自分と一生付き合っていくために、私のテーマは、ワークライフバランスからビョーキライフバランスに変わりました。

社会的な立場が会社員から経営者に変わり、時間的な拘束から解放されて、病院に通うことや、子どもの行事に合わせて休みをとることも自由自在にできるようになりました。自由は増えても、仕事や収入は不安定なので不安ばかりですが。何よりも責任とプレッシャーの中での健康管理も大切ですし、締め切りなどの約束は守らないといけません。裏切られることがあったとしても、私は期待に応え、信用を守って仕事をしていくことを信条としているので、常にプロ意識を大事にしています。都合良くすべてが自由自在にはならないものです。

働き方は、何を優先するかでいくらでも選べます。今はリモートワークもありますし、勤務形態も雇用条件もたくさんありますよね。私は、自分の生き方を表現する手段として起業を選びました。起業当初は、私にしかできない仕事を探して、起業相談や占いに行ってみたり（笑）。好きなことを仕事にしたいと思って、憧れのロールモデルの女性起業家に会って話を聞いたりもしましたが、なかなか思い通りにいきません。

どうやら私の場合は、自分がやりたいことをやるよりも、頼まれたことを一生懸命にやる方が良いのかもしれません。なぜ、この仕事を頼まれたのかが分からないままでも、その流れに逆らわずに、「ハイかイエスか喜んで」という姿勢で目の前の努力をすることで道が拓けるような気がします。

私は「キャリア」について、育児の経験も介護の経験も、がん治療の経験も、病気を乗り越えた経験も、仕事の経験も資格取得もすべて同じ「キャリア」だと考えています。

望んだわけではない辛い経験や挫折もあると思いますが、結果、それもキャリアにつながると思います。すべての経験には何かしらの気付きや学びがありますよね。それって天からのギフト＝プレゼントなのではないかと思うのです。

プレゼント（現在）は、プレゼント（贈り物）だと聞いたこともあります。生きている「今」がまさにプレゼントですね。どんな出会いもどんな経験も大切なプレゼントで財産だと思います。それに気付くかどうか、捉え方は自分次第です。（辛い経験の真っ最中はプレゼントだと思えるそんな余裕はないと思いますが）

人のことが羨ましくて、自分に無いものにフォーカスしてしまう時もあると思いますが、「無いもの」に目を向けるのではなくて、「有るもの」に目を向けることが幸せへの第一歩ではないでしょうか。すでに自分の中にはたくさんのものがあることに気づけるかどうか。有難うの語源ですね。

自分の中には、自分では気付かない才能があるそうです。自分ひとりでは見つからないようですので、頼まれたことをヒントに、周りの人と一緒に自分の中にある宝探しをしてみてください。きっと多くの宝（才能）が見つかるはずです。

人とのつながりを大切にしていけば、必ず自分が役立つ場面がやってきます。その中で自分らしく起業をしたいと思い、事業を組み立てる時には、社会の課題を見抜く力を持った上で、ぜひ社会性、発展性、継続性、独自性を取り入れてみてください。

あなた自身が輝くこと、そして誰かを輝かせることが社会全体を明るくすることになると思います。一隅を照らす存在が増えることで暗闇を明るく照らし、温かく優しい社会作りになるのではないかと考えます。

このビジョンを「あなたが誰かを　誰かがあなたを　今日を支えるチカラになる」という事業のキャッチコピーに込めています。

これからもどんな女性も活躍できる社会を創るという志をもって、社会課題を解決できるソーシャルビジネスに私らしく取り組んでいきたいと思います。

あなたへの
メッセージ

「無いもの」に
目を向けるのではなくて、
「有るもの」に目を向けることが
幸せへの第一歩

上田あい子さんへの
お問合わせはコチラ

# あるTV番組での一つの選択が人生を変えた！美容商材メーカーになるまでの道のり

株式会社ビューティーマイスター　代表取締役
美容起業コンサルタント

## 浦野里美

1974年、大阪市生まれ。ダイエット企画でのＴＶ出演をきっかけに、短大卒業後、大手エステ会社に入社。20代前半にして個人事業主になるが、26歳でリウマチという難病を患う。試練を乗り越え、サロンをオープン。2009年、株式会社ビューティーマイスターを設立。現在は美容商材メーカーとして、クリニック、エステサロン、整骨院、美容室などへ、自社ブランド化粧品や美容複合機器の卸販売を行いながら、美容研修やスクール講師の育成、美容起業家へのコンサルティングなどを行っている。

## 1日の
## スケジュール

06:00　起床、犬と散歩

07:00　朝食、身支度

09:00　本社業務（1日の予定確認、メールチェック）

10:00　取引先と打ち合わせ

13:00　昼食

13:30　会議

15:00　動画撮影

17:00　本社業務終了

18:00　夕食、家事

20:00　トレーニング

21:00　自宅で仕事（資料作成、メールチェック、スケジュール管理、振り返り、翌日の準備）

25:00　就寝

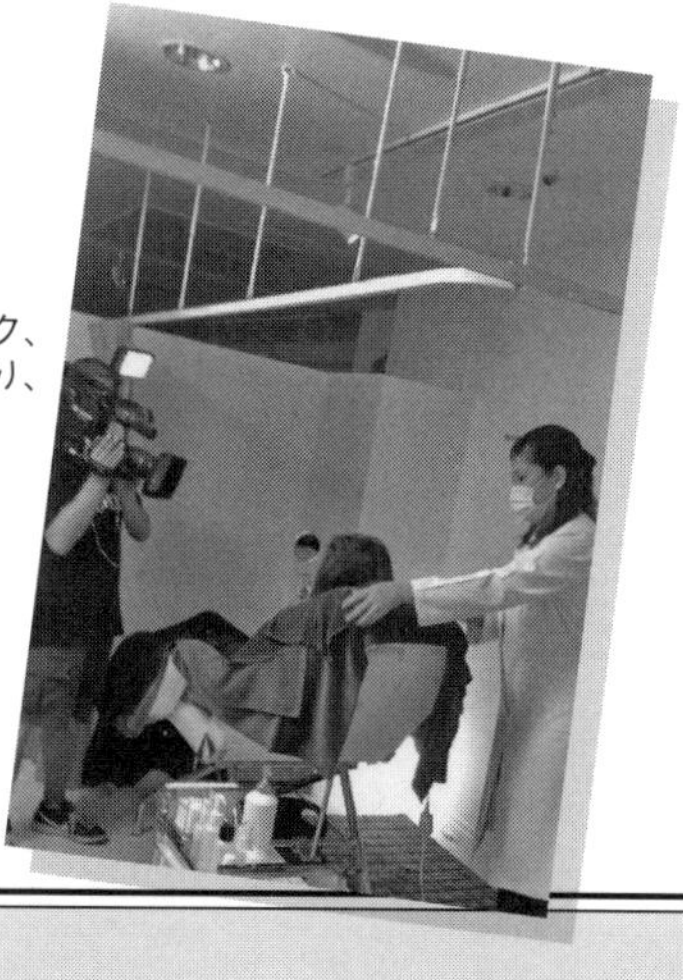

## 人生は選択の連続

ひとつの『選択』で、未来は変わります。

私は19歳の時、どこにでもいる普通の短大生でした。しかし、ある選択がきっかけで人生が大きく動き出します。

友人に誘われ、「島田紳助の人間マンダラ」というテレビ番組のボランティアカメラマンをした時のことです。御礼に番組の公開録画の招待状が送られてきました。行くかどうか迷いましたが、こんな機会は珍しいと思い、行くことを選択しました。

公開録画の収録がスタートすると、オープニングで女優の秋本奈緒美さんが登場。とてもスリムだったので、私は思わず「細い！」と声に出して言ってしまいました。その声をマイクが拾い、紳助さんが「お前は太い！」「体重何キロや？」「でも痩せたら可愛いかもな」と畳み掛けられ、私は「痩せたい！」「痩せさせて！」こんなやり取りが続きます。私が話し過ぎたため、紳助さんが「お前がゲストか？」と会場に笑いを巻き起こしました。

とある日、テレビ局から電話が突然かかってきました。「エステの会社から連絡があって、あなたのダイエット企画のコーナーをつくろうと思うのだけど、ビキニでテレビに出ることになっても大丈夫?」と。19歳で太っているコンプレックスがあったので、ビキニの水着なんて着たことがなかったのですが、即答で「大丈夫です!」と答えてしまいました。

ここで考えずに即答したことが、私の人生を大きく動かすことになり、今も仕事をするうえで大事にしている「やる前に考えていても何も始まらない」「決断は早く」ということを、身をもって知ることになりました。


それからは日常生活が一変。短大に通いながら、ダイエットモニターの生活がスタートしました。今まで自分の心が弱く、好きなだけ食べて太っていたので、ダイエット生活ですぐにその習慣を変えるのは本当に地獄のようでした。

エステに通えば痩せられると思っていた私は、「エステに通うだけで体重が激減するなんてことはない」という事実に直面。体重を減らすということは、食事内容や摂取量がかなりの比重を占めます。エステは体重を減らすものではなく、お肌やボディラインを綺麗にすることをサポートしてくれるものなのです。

ダイエットはとても辛く、その上、担当エステティシャンはかなり怖い人で、私は精神的に参っていました。そんな時に、別のエステティシャンの人が親身に話を聞いてくれて、私は正直に自分の辛い気持ち、ネガティブな思いを伝えました。

すると、次の日からその人が私の担当になりました。優しくメンタルサポートをしながら食事やランニングまで共にしてくれました。そんな日が数ヵ月間続いていく中で、「短大を卒業したら、こんな素敵なエステティシャンになりたい」と思い始めていました。

数ヵ月後、担当エステティシャンとエステの施術、高級ホームケア商品のおかげで、30㎏のダイエットに成功することができました！　この時、私は痛感しました。「エステだけでは結果は出ない。一緒に寄り添いながら、共に喜んで頑張ってくれるエステティシャンがいるから、お客様は結果を出せるのだ」と。痩せた私を見て、紳助さんもオール巨人さんも驚き、「よう頑張ったな。よく似てるそっくりさんちゃうの？」とゲラゲラ笑いながら喜んでくださいました。

今までの自分を変えることは簡単なことではありません。このダイエット企画での大きな気づきは、外見を変えるためには内面も成長させる必要性があるということでした。

人生は選択です。最初のテレビ局からの電話の時に「ビキニを着たくないから」「どんなことをするのか、分からないし不安」「忙しいし面倒だから」と言って断り、違う選択をしていたら、私がエステティシャンになることは、きっと一生なかったはずです。

人生は目の前にあるチャンスを逃さず、すぐに掴むこと。そして、自分の満足のいく結果にするための努力を怠らないことが大切です。

## 突然の難病発症

短大を卒業すると、テレビ出演した痩身モニターということで、1年間の年棒契約でお世話になった会社に入社させていただきました。2年目には年棒契約ではなくなってしまうため、今の2倍以上の年収が欲しいという話を上司にしたところ、最短で役職者になり、店舗責任者として売上目標を達成すれば良いとアドバイスをもらいました。

私は器用な人間ではなく、凡人です。自分が思い描く理想の自分になるためには、人の3倍以上の努力をしなければいけないことを十分に認識していました。

入社してからの1年間は、人生で最大の努力をした1年間でした。皮膚理論や痩身理論を学び、カウンセリングの仕方や心理学の本を買って読み、それらを使って実践し、自分の声をテープレコーダーに録っては聴いて、修正することを繰り返していました。エステの技術も、自宅で両親の顔や体を借りて練習しました。

その努力の甲斐があり、最短で役職者になり、2年目の年収は初年度の2倍以上に。やりがいのある仕事と素晴らしい仲間と共に、充実した毎日を楽しく過ごしていました。

当然のことなのですが、大手エステサロン勤務の中では、お客様にしっかり寄り添っての施術は難しく、細かなケアができません。責任者として、売上目標の達成が頭から離れない状況の上に、お客様へ販売するホームケア商品も高額。そんななかで自問自答するようになっていきました。私がしたかったエステティシャンという仕事は、一人ひとりのお客様に寄り添い、長いお付き合いのできる唯一無二の存在で、きめ細やかなホームケアアドバイスができることではないだろうか。そう考え出すと、もう自分で独立するしか方法はないと思いました。今まで突っ走ってきたけれど、少し立ち止まって、今後の人生を考えようと思い、退職することを決めました。

しかし、その時に大阪で開業予定のエステサロンの立ち上げスタッフとして手伝ってもらいたいと先輩からオファーを頂いたのです。目の前に来た御縁とチャンスは無駄にしないことがモットーの私は、二つ返事でその仕事を受けました。

前職の経験から、組織の中で営業職だけは絶対にしたくないと思っていました。ですが、就職してからの私は日の前のことをポジティブ変換し、目標達成する思考になっていたため、結局したくないと言っていたカウンセリング営業で、個人事業主としてスタートすることになりました。

個人事業主なので売上が少なければ収入は0円。しっかりと売上を上げれば、毎月7桁以上の収入になります。20代前半で年収8桁を超える経験はとても貴重で、大きく得られたモノと、その反面に必ず代償があることを知ることができました。

そんな生活を3年くらい過ごしているなかで、体に異変が起こりました。最初は体の一部が腫れたり、朝起きた時に足が動かなくて歩けなかったり、体中に激痛が走ることがありました。原因が分からないまま仕事を無我夢中に続けていましたが、ある日、肘下にピンポン玉の大きさのしこりがあることに気付きました。

偶然、お客様にそれを見られ、「浦野さん、それ関節リウマチじゃない？」と言われたのです。まさかと思い病院に行きました。お医者様は一目診て、「肘下に出ているのがリウマチ結節で、これは関節リウマチです」と診断しました。

その時の私は関節リウマチに対して無知で、年配の人がなる病気と勝手に思い込んでいました。信じたくない気持ちと焦りと不安で、7つの病院や治療所を訪ねましたが、すべての診断結果が関節リウマチでした。

その後、病状が悪化した時は、歩くこともできず、お箸を持つこともできない日もあり、リウマチからの肺炎により入院することになりました。その時、私はまだ独身でしたが、このままだと子供が産めないかもしれないし、もし寛解したとしても、いつまた病状が悪化するか分からない。そうなると両親にも迷惑をかけてしまう。様々によぎる不安の中、病床で今後の人生について考えました。

入院中に考えて出した答えは、やっぱり私は美容の仕事が大好きだから、この仕事を一生涯の仕事にしたい。自分でエステサロンを出そう。ただ日毎に変わる体調のことを考えるとテナントのサロンを出すことは難しい。そうだ！ ならば、自宅兼サロンにすればいい。

そして、一軒家を買うという決断をしたのです。そこから入院中に将来のビジョンを書き出して、明確な目標設定をしました。

病気のことをネガティブにいろいろと考えていても良くなるわけはない。関節リウマチは原因不明の難病なのだから、原因が不明ということは治るかもしれないという根拠のないポジティブ解釈により、本当に奇跡が起こったのです。周りの人達も、医師も驚くほどのスピードで急速に病状が良くなり、リウマチが寛解したのです。奇跡は起こるのではなく、起こすのです！

この時、人生で起こってくるピンチはたくさん在る。しかしそれをピンチで終わらせてしまうのか、チャンスに変えるのかも自分次第だと感じました。

私は、ピンチのときは「ピンチ、ピンチ、チャンス、チャンス、ランランラン♪」（童謡「あめふり」のフレーズです）と必ず口ずさみます。

## プロのエステティシャンとは

退院後まもなく、サロンにするための一軒家を探し始めると、希望通りの物件がなんと3軒目で目の前に現れ、内覧で即購入を決めました。1階と2階をサロンにして、3階とロフトをプライベート仕様にしました。

これまでの職場では、自分が一人のお客様を最初から最後までゆっくりと担当できず、1セットが数十万の高額化粧品しかなかったので、友人や知人を誘っていませんでした。しかし、この自宅サロンでは、私自身がアフターフォローまでできるので、まず大切な友人から声をかけました。

私のビジョンでは、この環境で一人の担当エステティシャンが1ヵ月に接客できる人数は100名が限界と考えていました。計算上、すぐに私の新規顧客の募集はストップしないといけなくなる。だからこそ大切な友人知人だけに連絡をしました。周りの人達には驚かれたのですが、サロンの集客は紹介のみで、チラシも配らず、ホットペッパーなどの集客サイトも一切使用せず、一見のお客様は来店不可のサロンでした。

その結果、友人や知人がたくさんのお客様を紹介してくれて、あっという間に顧客は

500人を超えていました。もちろん、その全顧客を私が担当することはできません。サロンを経営していくなかで、お客様として来店された方が仕事に興味を持ち、スタッフとして一緒に働いてくれました。

この時、十数名のスタッフが在籍していましたが、全員が御客様からスタッフへの転身なのです。その時代から現在に至るまで弊社は、スタッフ求人を外部募集したことがありません。全員が元々はお客様か友人なのです。一緒に働きたいと言ってくれる人達は、私の性格を理解し、仕事のビジョンにも共感してくれています。私もスタッフがお客様だった時から人柄を見ているので、お互いの信頼関係がすでに確立されていたのです。

もう一つ周りに驚かれることは、エステサロンとして来店されるお客様がエステの施術を受けずに、化粧品のみを購入して帰るという接客スタイルでした。

サロンスペースの一室は完全個室のエステルームにしていたのですが、この部屋は結局、10年間で一度も使用することはありませんでした。当時は現在のように特殊なエステ施術は行っておらず、ホームケアとして販売している化粧品でエステをするのみでした。エステで一時的にケアすることよりも、毎日のホームケアの仕方やお肌のことをしっかりお客様にお伝えすることこそが一番大切だと思い、実践しました。

エステティシャンという仕事は、自分の人生も、お客様の人生をも変えてしまうほど本当に素晴らしいものだと誇りに思っています。エステティシャンとは、エステの施術をするプロだと思っている方が多いかもしれませんが、私の考えるエステティシャンとは、お客様のお悩みの原因を見つけて、その問題にアプローチし、解決をすることができるプロであると思っています。

現在はそんなプロを輩出したいと考え、弊社ではお肌のことに精通した「スキンマイスター®」いう資格制度を作り、そのディプロマ取得者が全国にいます。正しい情報や皮膚理論、お肌の知識をしっかりと学び、お客様に伝えることのできるプロです。

化粧品やエステのコースを売ることに必死になっている営業マンや、流行の商品を追い求めるのではなく、きちんと正しい知識をお伝えできることが、プロとして一番大切だと思っています。弊社の直営サロンも取引先のサロンも、化粧品を売るのではなく、お客様が自ら「買いたい」と言ってくださることがほとんどです。これが本来のサロンの在るべき姿だと思います。

売ろう売ろうとしなくても売れてしまうのが、本物のエステティシャンなのだと思います。誠実でお客様想いのエステティシャンが、世の中に増えていくことが私の願いです。

## 明確に描き、口に出して引き寄せる

世間に新型コロナウイルスが蔓延する前、弊社の取引先オーナーの方々から、「この美容機器を購入したいのですが、どう思いますか？」と立て続けに相談されました。あまりにも短期間に同じ機械だったので気になり、詳細を訊くためにメーカーに伺いました。

体験したところ、とても気持ち良く結果も出たので、ぜひ取引がしたいと提案をしたところ、予想の金額をかなり上回る見積書が手元に届きました。これでは取引サロン様への提供はできないと判断。取引は諦めましたが、機械を取り扱うことは諦めきれません。

「その商品が取り扱えないなら、もっと良いものを自社で作れば良い！」

開発費なども必要で、かなりの高額支出になるため、専務からはもちろん反対されました。ですが、どうしても諦めたくないので、必死で策を講じていました。

そして以前、友人から「美容機器をつくるなら、紹介したい人がいる」と言われていたことを思い出し、早速アポイントを取り、会社に訪問させていただきました。

私は、欲しいものを願うと引き寄せる力があると思っています。引き寄せる秘訣は、とにかく願望を明確に描いて、それを口に出すこと。人との出逢いも引き寄せだと思います。

その会社はなんと、私達の求めている機能に関して、日本でパイオニア的な会社でした。とても誠意のある方々で、これなら絶対に自分たちが考える素晴らしい機械を作ってもらえると専務も納得し、開発をお願いすることに決定。元々、筋膜リリースの機械を作製する予定でしたが、自社で1から作製するならば、欲しいと望む必要な機能をすべて入れようと考えました。そうすれば、いろいろな美容機器を購入せずに、この1台でサロン経営ができ、メニューをかなり増やせるようになると思い、設計しました。

名前はBeautyとBodyの頭文字『B』と、フランス語で『お手入れ』を意味する『Sowanソワン』を繋げて『Bsowa®ビソワ』と命名しました。このビソワは苦労して生まれてきたので、本当に可愛くて可愛くてたまりません。この機械によって、美と健康を手に入れていただき、笑顔が増えていることは、この上ない幸せです。

ここまで書いてきたように、30年前は全くエステに無縁の学生でした。目の前に現れたチャンスに対してポジティブな解釈をし、「できるか、できないか」ではなく、「やりたいか、やりたくないか」で判断し、できるまで諦めずやる。それだけで、ここまで来ました。

子供の頃はできないことだらけで、それが当たり前なので、何事もできるまで一生懸命に努力をしたと思います。しかし、大人になるにつれて、やりたいという気持ちで物事を選択せずに、「できるのか、できないのか」で選ぶことが多くなっているのではないでしょうか。できることで選択しすぎると、成長が小さなモノになってしまいます。

やりたいと思ったことは形にできます。数年前、「そんなことできるわけない。時間の無駄やで」と言われましたが、現在、弊社の取引先の先生方に認定講師の仕事をしていただいています。私がメーカーの講師や代理店をしてきた実績を元に、成功ノウハウを研修でお伝えし、講師育成を進めています。

周りが何と言おうとも、やはり自分がやりたいと思うことを形にしていき、誠実な人達と共に有限な時間をポジティブに過ごしていきたいと思います。そして、これからも「できること」だけではなく、「やりたいこと」を人生の選択とし、夢を諦めずに努力し続ける姿勢を後世に残していきたいと思います。

最後に、私の好きな言葉をあなたへ。

Nothing is impossible, the word itself says 'I'm possible'!

〝不可能（impossible）なものなんてない。その言葉自体が言っている「'I'm possible'」私は可能だと。〟（オードリー・ヘップバーン）

あなたへの
メッセージ

人生で起こるピンチはたくさん在る。
そのままピンチで終わらせてしまうのか、
チャンスに変えるのかは自分次第。
奇跡は起こるのではなく、 起こすもの！

浦野里美さんへの
お問合わせはコチラ

# 50人以上のＩＴ企業へ成長させた 創業前から大切にしている 「人」と「仕事」に対する 向き合い方

株式会社ＶＩＴＡ 代表取締役

## 佐々木映美

1980年、静岡県生まれ。大学卒業後、ＩＴ企業に就職。ＳＥとしてアプリ開発などを手掛ける。2005年に転職し、営業を経験。同年、会社を退職。海外留学へ。翌年帰国し、個人事業主としてプログラミング業を開始。2008年、株式会社ＶＩＴＡ設立。ミドルウェアというニッチな専門領域に特化したサービスを提供している。2022年、ボードゲーム制作ブランド「Waza games」を立ち上げ、教育事業に参入。デジタルスキルだけでなく、アナログな人間力を育む、プログラミング教育事業に力を入れている。

## 1日の
## スケジュール

06:00 起床

07:00 朝食、身支度、サーフィン（週1回）or 犬の散歩

09:30 仕事スタート（1日の予定確認、メールチェック）

10:00 打ち合わせ

12:00 昼食

13:00 打ち合わせ

18:30 仕事終了

19:00 夕食準備、夕食

21:00 メールチェック、翌日の準備

00:00 就寝

## コツコツと積み重ねた信頼が未来を創る

あなたは今、活き活きと働いていますか？　それとも嫌々、働いていますか？

1日は24時間。働く時間はその内の3分の1にも及び、通勤時間や仕事について考える時間を含めれば、それ以上になります。だからこそ、仕事が楽しくなければ、その時間が苦痛になり、人生そのものが辛いものになってしまうのではないか、と私は思うのです。

もし、仕事や職場が楽しくない、転職したい、人生を変えたいと思っているのなら、これからお話しするエピソードの中にヒントがあるかもしれません。

あなたが今の自分としっかり向き合い、一歩踏み出すきっかけになれば幸いです。

2001年の2月半ば、3月1日が大学の卒業式だというのに、進路は未定。特別やりたいことがあるわけでもなく、ただ何となく日々を過ごしていたら、卒業シーズンになっていました。当時は、家事手伝いという選択肢が世間にまだ存在していた時代だったので、両親から「就職しなさい」と口酸っぱく言われることもなく、その環境に甘えていたのだと思います。過去の私は優等生などではなく、褒められた学生でもありませんでした。

ところが、学校側から就職を勧められ、わずかに残っていた求人の中から、「パソコンが使いこなせたらカッコいい」という単純な動機でIT企業に応募。2000年問題などでSEが不足していた時代だったので、全くの未経験・学部不問で採用してもらえました。新卒で入社した会社は、社員同士の仲が良く、アットホームで優しい方ばかり。ITに関する知識はおろか、パソコン初心者の私に、手取り足取り丁寧に教えてくださりました。

思い通りにいかないことがあると、書籍やネット検索で解決法を検索。同じような問題でつまずいている人の書き込みなどを参考にして、一つひとつ課題をクリアしていきました。安易な考えで決めた就職先でしたが、想像以上に仕事が楽しく、ゲームをクリアするような爽快感がたまらなくて、SEの仕事にどんどんのめり込んでいきました。

仕事を覚えて楽しくなってきた25歳の頃、もっと刺激のある環境で仕事がしたいと思い、海外に進出予定のある会社に転職。そこで初めての営業職を経験しました。

今振り返ってみると、この経験がなければ、きっと独立を考えることなんてなかったと思います。SEの知識やスキルを磨くだけでなく、営業的感覚を実践で学べたことが今に繋がっています。他社との競争に勝つことや強みを見つけて伸ばすこと、弱みをどうすれば補完できるかと考えることなど、社会で戦う姿勢を身につけることができました。

しかし、仕事に没頭する一方で、ふと将来が不安になりました。

「25歳になり、数年後には30歳を迎える私……。このままで本当にいいのだろうか」

何となく就職先を決め、具体的な人生設計やキャリアイメージを全く持たず、流れのままに生きてきました。結婚や出産は？　このまま仕事だけに集中していて大丈夫だろうか。

転職してからわずか半年で会社を退職。その後、海外留学しました。留学といっても海外旅行のようなものです。最初はカルフォルニアへ渡航し、それから、ワーキングホリデーでオーストラリアにも行きました。

最初の2週間くらいは毎日がパラダイスのようで本当に楽しかったのですが、長くは続けられない楽しさでした。やっぱり、仕事で手に入れられる刺激や出会い、仕事の面白さは私にとって特別なのだと再認識。翌年、日本に帰国しました。

仕事が面白いという答えを見つけて、また日本で働くことを決意し、前職でお世話になったお客様に連絡をしました。その結果、個人事業主として出発することになりました。

一般的に仕事を探す際には、転職サイトに登録したり、求人情報を調べたりすると思います。しかし、私はありがたいことに、お客様から「日本に戻ってきたら連絡してね」とお声掛けをいただいていました。独立できるなど思ってもいませんでしたが、周りの方々とのご縁によって、自分では予想もしない新しい世界を見せてもらうことができました。

会社を辞めるまで、真剣に仕事に取り組んできたことが、実を結んだ一つの成果だと思っています。

私はまともに就職活動をしていないので、具体的なキャリアイメージを持たずに20代前半を過ごしてきました。だからこそ伝えたいのは、5年後や10年後のキャリアイメージを持って欲しいということ。ぼんやりとでもいいので、仕事だけでなく、結婚や出産、介護など、起こりうるライフイベントを含めた人生計画を一度、考えてみてください。

今は共働きが増えている時代なので、結婚はそこまでキャリアに影響しないと思いますが、出産には仕事を休まないといけない時期が訪れます。こういった時間が人生の中で発生するかもしれないということを少しでも認識していれば、そのための準備ができます。

自分の将来のキャリアを見据えつつ、選択肢をしっかり準備しておけば、たとえ社会から一度離れたとしても、戻ることはすごく容易いと思います。目の前の仕事に真摯に取り組むことで自分の実績や足跡をしっかり残し、また一緒に働きたいと思ってくれる人がどれだけいるかが思い切って休める安心材料になります。私が会社を退職できたのも、海外を旅する経験ができたことも、安心材料があったから決断できたことなのです。

今、目の前のやれることをコツコツと積み上げていくことが、未来に繋がります。

## 良い仕事の最大の報酬は、次の良い仕事

個人事業主として仕事を再開し、最初は一人でできる範囲の仕事を請け負っていたのですが、徐々に仕事の規模が大きくなっていきました。クライアントも増え、2〜3人分の仕事を頂くようになり、知り合いのSEに仕事を依頼する機会が増えるにつれて、お客様から「会社にしたほうがいいよ」というご意見が増えていきました。

会社を経営するなんて全く想像していませんでしたが、周囲のアドバイスから法人化を考え始めました。とはいえ、全くの素人です。何の知識もなく、これまで全く勉強していなかったので、何から着手すればいいのか、右も左も分からない状態でした。

そんなタイミングで、知人から「女性向けの事業を立ち上げたいので、社長になってくれないか?」とお誘いを頂きました。SEの仕事を続けられる条件だったこともあり、私はこれまで関わってくれていたスタッフと一緒に入社して、社長に就任しました。

ところが、知人が立ち上げた事業だったため、想いを持って取り組むことができず、事業を上手く進めることができませんでした。何のためにこのビジネスをやっているのか、腹落ちがなかったように思います。すぐに社長を退任し、会社を退職しました。

ビジネスは何より継続することが重要です。必ずしもやりたいことである必要はありませんが、想いを持って、やり続けられる事業であることは重要だと思います。

その後、２００８年に株式会社ＶＩＴＡを創業。私についてきてくれたスタッフたちの選択を正解にするために、私は走り出しました。


しかし、リスタート後も課題は山積みでした。私は就職も留学も起業も、突然始めてしまうので、いつも後から困ることばかり起きます。しっかり勉強をしておけばスムーズにいくことも、私の場合は壁にぶつかってから、そこに壁があることに気づいてしまいます。

従業員を雇う時はどうすればいい？　給与ってどう支払えばいいの？　税金は？という具合に、分からないことだらけでした。そんな私に救いの手を差し伸べてくれたのは、今まで仕事でお世話になった方々でした。

実はＶＩＴＡは、私が以前働いていた会社の一部のスペースを間借りして設立していきます。なので、すぐ隣には経理専門の部隊、その隣には人事の部隊というように、専門知識のある方々に相談できる環境が整っていたのです。書類の書き方から手続きの方法まで丁寧にご指導いただき、本当に感謝しています。

このようなご縁やチャンスに恵まれたのは、運が良かったのではなく、目の前の仕事に真摯に取り組んできたご褒美だと思っています。

私は、「良い仕事の最大の報酬は、次の良い仕事」だと考えています。

仕事は目立つ部分だけでなく、雑用も含めて一つの仕事です。誰も見ていないと感じていても、必ず誰かが見ています。些細な仕事でも手を抜かずやっていれば、必ず誰かが見ていて、そういう人には次回、良い仕事を任せたいと思うものなのです。

また、自分がやりたくない仕事、本来目指していたこととは違ったとしても、任された仕事を全うしようとする人には「あの人がやりたい仕事って何だろう」「こんな特性があるから、こんな仕事に向いているのではないか」と新しい世界を見せてくれる人が現れます。

その結果、次の素晴らしい仕事に出会ったり、チャンスが舞い込んできたりするのです。お金や人との出会いなど、仕事が持ってきてくれる報酬はたくさんありますが、次の良い仕事に巡り合えることが目に見えて分かりやすい報酬だと思います。心配しなくても、お金は後からついてきます。

チャンスは周りから巡ってきますが、それは地位や学歴でもないし、運でもありません。今やるべき仕事、渡された仕事にどれくらい真剣に取り組んでいるかが、チャンスを掴む要素だと私は考えています。

## アナログな人間力を育む教育事業

ＩＴ業界は転職にとてもポジティブな業界です。転職することで新しい仕事に出会ったり、年収を増やしたりすることがスタンダードなので、年功序列や終身雇用などの、これまでの日本の働き方を大きく変えていった業界だと思います。そのため、経験者を採用するベンチャー企業がほとんどです。

そういう流れがある中で、ＶＩＴＡは創業当初から「新卒採用」に力を入れてきました。現在働いているスタッフの中で、新卒入社、またはこの会社が初めての就職先だという方は60％を超えています。

その理由の一つに、ミドルウェアという弊社が専門領域としている分野のＳＥが少なく、中途採用が難しいという背景があります。ミドルウェアは重要な製品であるにも関わらず、専門とする会社は全国にわずか数十社程度。ＳＥが少ない分野のため、常に人材が不足しています。そのため、新卒者を採用し、育ててきました。

また、私が新卒の頃、パソコン未経験の状態から育ててもらったことに感謝しており、次は私がやる番だという思いで取り組んでいることでもあります。

人には無限の可能性があります。可能性があることを忘れずに成長するには、周囲の協力が不可欠です。弊社では、人事や経営陣だけの仕事ではなく、会社全員で人材教育に携わっています。

そして、創業当初から「人」を大切にしています。

ＩＴ業界の特徴なのですが、大きなプロジェクトが発足するときは、会社の枠を飛び越え、複数のＩＴ事業者からＳＥが集められ、初対面のメンバーで仕事をします。ですが、プロジェクトのたびに他社へ社員を派遣していると、働くスタッフにとっては自分の所属する会社がどこであるかは関係なくなってしまいます。私はＶＩＴＡで働く意味をしっかり持って欲しかったので、下請けではなく、プロジェクトを一括して請け負う業者であるシステムインテグレータと直接取引するということを創業当初から意識してきました。

これまで会社全体で取り組んできた「人材育成」について考えているうちに、「教育」そのものに興味を持ちました。実は、小学校では２０２０年４月からプログラミングの教育が必修化。翌年から一人一台タブレットが配られる時代になりました。

これらの流れを見据えて、２０１８年頃から考えていたのが、子ども向けのプログラミング教育事業です。教室運営を着々と計画していましたが、２０１９年、新型コロナウイルスの感染拡大により、断念せざるを得ませんでした。オンラインでの開催も検討しましたが、すでに多くの企業が参入していたので、新規参入は厳しい状況。考え抜いた末にたどり着いたのが、アナログな「ボードゲーム」でした。

２０２２年、「Waza games」というボードゲーム制作ブランドを立ち上げ、教育事業に本格的に参入しました。ＶＩＴＡはＩＴ事業者のため、ボードゲームを使用するというとよく驚かれるのですが、オンラインゲームだと、「人ＶＳ機械」の対戦になってしまうからです。通信手段を用いて誰かと繫がることはできても、対面するのは機械です。一方、ボードゲームは、一つのテーブルに数人が集まり、ルールを共有しながら進めていきます。周囲と協力し合わないとゲームが進まないため、良質なコミュニケーションが自然と生まれます。だからこそ、アナログゲームが教育事業に最適なのです。

人の熱量や想いはデジタルでは伝わらないですよね。どれだけデジタルなものが世の中に普及したとしても、アナログな人間力は必要不可欠です。

また、子ども向けだけではなく、社会人教育にもアナログゲームを取り入れていきたいと考えています。営業や人事、経理など、さまざまな仕事を擬似体験することで、その仕事の大変さや難しさを知るきっかけになればと思うのです。そうすることで、新しい発見を得たり、人間関係が円滑になったりして、活き活き働くことに繫がればと思います。

## 頭でイメージできることは実現する

２００８年にＶＩＴＡを創業し、10年以上が経ちました。５人で始まった会社は、２０２２年に50名を超え、現在も少しずつ成長しています。

私は行き当たりばったりの人生で、トライアンドエラーの繰り返しでした。とにかくやってみる。やってみて、そこでわかったことや、気づいたことにしたがって行くと、次のステップがあるという感じでやってきました。良くいえば、実体験型です。

私だけの人生ならそれでもいいですが、会社に入社してくれた人たち、私と一緒に仕事をしてくれる人たちが幸せでいるためには、この先の道筋をしっかり考えていかなければいけないと、法人化してからより強く思うようになりました。

自分が想像できないことは絶対に形になりません。反対に、自分が想像できる大抵のことは形にできると思っています。だからこそ、しっかり目標を持って、イメージすることに意味があります。何度も言いますが、自分の目標、将来のキャリアイメージを持つことが大切です。

私が10、20代の頃は、職業は家事手伝いですと言えるような時代だったので、女性が働くことに対して真剣に考える人が少なかったように思います。もしかしたら働くかもしれないし、結婚して専業主婦になるということが一般的でした。

しかし今の時代、女性が働くことがスタンダードになりつつあります。働くことが前提の人生の中で、どのようなライフイベントが発生しうるかを考えて、そのうえで仕事と向き合ってほしいと思います。例えば、育休や産休、介護制度に頼ることも一つですが、積み上げてきたキャリアを失うかもしれないという恐怖は拭えないのではないでしょうか。

だからこそ、ライフイベントを見据えて準備をしておくことが大切です。自分自身がどういう風に社会と関わってきたか、どのような実績や足跡を残してきたか、どのような人間関係を築けたかが、思い切って仕事を休める安心材料になり、戻りたい時に社会復帰できる居場所の確保に繋がります。

大きな目標や野望を持つ人ほど、目の前の仕事にしっかり取り組んでほしいと思います。それが、遠いようで一番の夢を叶える近道になります。

例えば、起業を目指している人は、「こんな仕事をしていても社長になれない、いつになっても独立できない」と現状に不満を感じることもあるかもしれません。

しかし、目の前の一つのことをしっかりやれない人は、起業しても上手くいかないし、チャンスに恵まれることもないと思います。些細なことでも一生懸命やっていたら、その姿を見ている人は必ずいて、自分では予想もしていなかった新しい未来へ連れて行ってくれることがあります。

叶えたい夢があるなら、まず目の前のことに意識を向けましょう。そうすれば、あなたのやりたいことを応援してくれる人や、協力してくれる人がきっと現れます。

そして、今はできなくても、いつかやりたいことができる人になれると思います。

冒頭でお話ししたとおり、働く時間は人生の中で多くの時間を占めます。さらに仕事は良いことばかりではなく、大変なことや理不尽だと思う出来事も多々起こります。

週7日あるうちの5日死んだように働いていても、週2日最高に楽しければ満足という方も中にはいるかもしれません。しかし、それでは人生がもったいないと感じるのです。

どんな局面においても、どうやって取り組めば楽しく働くことができるのか、活き活きと仕事ができるか。働く時間を少しでも良い時間にしようと、自らが考えることがものすごく大切です。

ぜひ一度、自分の働き方としっかり向き合い、この先の人生を想像してみてください。

あなたがイメージしたことは、きっと形にできます。

あなたへの
メッセージ

自分が想像できる大抵のことは形にできる！
だからこそ、しっかり目標を持って、
イメージすることが大切。

佐々木映美さんへの
お問合わせはコチラ

# 25歳で美容室を開業し、すべての逆境をプラスに捉えて乗り超えてきた起業物語

美容室 Fortuna 代表

## 春原舞

1990年、長野県生まれ。銀座の大手サロン勤務を経て、25歳の時に『美容室 Fortuna（フォルトゥーナ）銀座』をオープン。美容室は水道水を使わず、浄化水を使用。薬剤も肌に優しいものや、成分が良いもののみを使用するというこだわり抜いたサロン。他にも海外での美容イベントやヘアショーなどのステージ、撮影に参加。国内でのコンテストにも参加をし、グランプリや好成績を残す。「ヘアケアマイスター」の資格を持ち、骨格カットの技術も使い、一人ひとりに合った施術を提案・提供している。

## 1日の
## スケジュール

08:00 起床、朝の準備

09:10 保育園へ子供の送迎

10:00 サロンへ出社
お客様の施術やセミナー、
会食など

22:00 仕事終了

23:30 帰宅

24:00 夜ご飯とお風呂
残った仕事やフリータイム

26:30 就寝

## 考え方が特殊？　変わった子供だった幼少期

こんにちは。銀座で『髪・頭皮・地球に優しい』をコンセプトに、水道水を使用せず炭酸泉・浄化水・優しい薬剤で施術をする美容室を経営しております、春原舞と申します。

はじめに私のことを少しお話ししたいと思います。私は子供の頃から周りの子供たちと少し考え方が変わっていて、「理由がないと行動にうつさない」そんな子供でした。どのような内容かといいますと、「ランドセルはなぜ背負わないといけないのか」「運動会で順位をつける理由は？」「予防接種をするのはなぜ？」などというものです。

ただ、その理由に納得がいくと、嫌なことでもしっかりと行っていました。幼少期からとても自我が強く、学校でも自分の興味のある勉強しかしなかったので、小学校の登校は毎日保健室。自分の教室に行ったのは6年間で1年半ほどでしたので、私の家族は大変だったかと思います。そんななか、9歳の私に提案された母の一言が私を変えました。

【ブラジルに行ってみる？】

「日本のみんな一緒！」というルールに縛られることが苦手だった私は、すぐに「行く！」と言い、1人でブラジルのホストイグアスという場所にホームステイに行きました。

そこで目の当たりにした貧富の差と、毎日のように危険と隣り合わせの生活。隣の家に強盗が入ったり、子供が働いていたり……。私は学校に通っているし、好きなことをさせてもらっている……もっと周りの人・時間・すべてを大切にしなくては！　と気付かされました。ブラジルでみんなと生活した時間は本当に特別で大切で、行かせてくれた両親にも感謝しています。

こうして過ごしてきた幼少期ですが、12歳になった時に上京を決意！　気付けば中学から上京して埼玉の寮に入り過ごしていました。初めの頃はプロのスノーボーダーを目指していたのですが、ここでまた母の言葉で大きく人生が変わります。

【手に職をつけた方がいいんじゃない？】

それから他のさまざまな職業を見て決めたのが『美容師』でした。実は母も美容師で、初めは反対されました。理由はというと「あなたには美容師の厳しさは難しい」というもの。その言葉を押し切り、昔から手先が器用で細かい作業が好きだったことと、『人を喜ばせる仕事がしたい！』という思いから、高校卒業後には六本木のハリウッド美容専門学校に入学。自分の実力を試すためにコンテストにも参加して、全国大会で優勝したことも。

自分が本気で取り組めるものを見つけ、美容と向き合うことの楽しさを実感。もっとたくさん活躍したい！という思いが強く、将来のビジョンが明確になりました。

## 「25歳で独立する」という人生設計

次に、独立するきっかけになった出来事をお話ししたいと思います。

専門学校を卒業した後、東京の大手サロンに就職。当時8店舗あったうちの銀座店に配属になりました。20歳で入社し、『25歳で独立する』という夢を密かに抱いて、毎日美容に没頭しました。海外が好きだった私は、たまに個人的にイタリアのミラノに「骨格カット」という一人ひとりに合わせたオリジナルのカットを学びに行っていて、「海外でも仕事ができるようになりたい」と感じ始めていました。

そんなある日、当時勤めていたサロンが入っているビルの建て壊しが急遽決まり、別の店舗に移動することになったのです！　その時期がまさに25歳になった翌月の事でした。

考えていたとはいえ、いざ独立となると悩みが多く、初めは「経営学を学んでから」「もっと経営を勉強してから」と思っていましたが、経営者である父と母に相談をしたところ、2人から返ってきた言葉は「独立いいじゃん！　実践しながら覚えていけば？」というものでした。

当時勤めていたサロンに感謝をしながらも決心して、12月にそのことを伝え、翌年の5

月に退職。物件も巡りあわせで急遽7月に決まり、11月にはまわりの方々の助けを受けながら、融資・機材・内装などなど急ピッチで進め、今の『Fortuna（フォルトゥーナ）銀座』をオープン。物件が決まってから約4ヵ月での開業でした。

当時勉強不足なこともあり、すべてが順風満帆だったわけではありません。

何よりも初めに苦戦したのは資金面でした。当時美容師のアシスタントの給与は手取りで約15~18万円ほどだったので、私が貯められたのは5年で約300万円ほどでした。その300万円を資本金に他にも融資を受けたのですが、初めての開業で一千万を超える融資は難しいと言われたのです。

何度もお願いをし、この事業に込める思いを語り、意思を伝え続けました。両親の後ろ盾もあったかもしれませんが、無事に融資の話がまとまり、約1ヵ月でおろしてもらいました。やはり、事業に対する思いをいかにしっかりと伝えられるか、というのが勝負を分けたのだと思っています。

無事に資金面をクリアして、いよいよオープン。しかし、開業することをお客様に伝えていなかった私は（サロンを退社する時はお客様を連れて行かないというサロンとの決まりがあります）オープンから2~3ヵ月は正直まったく客足が伸びず、どうしたらいいのか悩んでいました。

そこで私は、「せっかく開業したのだからもっと自分がやりたいことをハッキリさせて、他の美容室との差別化をしよう！」と思いました。『髪・頭皮・地球に優しい』をコンセプトに、水道水を使用せず炭酸泉・浄化水のみを使用して、薬剤も優しいものをベースに、オリジナルのトリートメントカラー・トリートメントパーマの施術を行いました。

他にもマニアックなことを学ぶのが元々好きだったこともあり、合格率10～20％と言われるヘアケアマイスターの資格を取り、知識を持って、もっと一人ひとりのお客様と向き合い、悩みを解決できる美容師になろうと心に決めました。

こうして自分にしかできないことをやり続けた結果、徐々にお客様が増え始めたのです。


私が実際に起業を経験して、美容関係以外の方にもお伝えしたいことは、《自分のやりたいことに誇りと自信を持って、他とは違うという差別化》をしてほしいということ！

そして、自分のやりたい分野以外も勉強したり、たくさんの方から話を聞いて自分の知識力や人間関係を作ってほしいと思います。

私は元々人間関係を深く作ることが苦手だったのですが、起業してからまわりの方に助けてもらったり、協力し合ったりすることが本当に大切だと感じました。お仕事で協業する方も、WEBで見つけたところよりも、知り合いの方を通して紹介してもらった方がお互いより信頼してスムーズに仕事ができます。

集客についても同じで、まわりの方からの紹介を大切にしたり、自分がいいと思って行っていることは《自信と誇りをもって提供》する。あまり安売りはしないことが大切です。以前大手企業の社長さんに「値決めは経営だよ」と言われ、再度私も考え直すきっかけになりました。安くすると人は集まりますが、リピート率は悪くなります。ですが、適切な価格設定にすると、本当にその施術を求めるお客様が増えてリピート率も上がります。

私は技術者ですので、自分の仕事（技術）に付加価値をつけてお客様に提供するようにしています。付加価値の一例としては、カットをする時に「イタリアで学んだ骨格カットというカット技法でカットしていきます。自分の髪のクセを活かし、お顔立ちに合ったスタイルになりますので、一人ひとりカットの仕方が変わります」というものです。

この一言でお客様から見たら普通にカットされるよりも何だか他と違う！ すごい！となります。このように自分の提供しているものに価値をつけることも他と差別化する一つだと思います。

## スタッフの育成と知人からの裏切り

お客様が増えて、少しずつ軌道に乗ってきたのですが、次に頭を悩ませるのが「スタッフ教育の難しさ」でした。サロンやお客様に対する思いをスタッフに伝えても、すべてを理解してもらうのはもちろん難しく、最高級のおもてなしを妥協したくなかった私は思いが強すぎるあまり、スタッフに厳しすぎることも多々あったかと思います。その思いに共感してついてきてくれるスタッフもいましたし、翌日から来なくなるスタッフもいました。

でもそれは当然のことで、自分の経営するサロンは、私の一部と言っても過言ではないほどに大切です。サロンにかけた思いを強く持つ社長の私と、スタッフの差があまりにも大きいからだと実感しました。

また、スタッフたちのことも自分の家族のように大切なので、どうしてあげるのが一番いいのか悩んだ時期もありました。当時の私は「美容師はこうあるべきもの！」という気持ちがあったのだと思います。こういった悩みから「スタッフ達には今の世代にあった働き方の提案をしよう！」と決め、一人ひとりに合った働き方の提案をすることにしました。

その時にヒントにしたのは日本以外の美容室、自分の得意分野に特化することです。例えばカットが苦手なのであれば、スタイリストにはならず、カラー専門のカラーリストやスーパーアシスタントになること。スパが好きなのであればスパニストになることなど。他にも出勤時間や休日の自由化をして、美容師は休みがない・朝早くて夜が遅い・大変そう、というイメージをなくしたいと思いました。

私はサロンにいることが好きなので、ほぼ毎日出勤しています。同じように、毎日出勤したいスタッフは体調を気遣いながら出勤してもいいなど、個人の思いとやりたいことを尊重して働ける環境にしています。私たちは技術職なので、もちろん頑張らないといけない時はあります。その時は全力でフォローアップしています。

私が育ててきたスタッフには、近い目標（すぐに達成できそうなこと）と大きな目標（こうなりたい！　という願望）を決めてもらいます。例えば、近い目標だと「来月までに試験合格する」などです。大きな目標だと「ここまで売上が伸びたら、一週間お休みして海外に行きたいです」などなんでもＯＫ。

そうすることによってスタッフもイキイキと働けて、毎日が楽しく、心が豊かになります。心が豊かになるということは、お客様や家族・友人に対しても明るく楽しくいいパフォーマンスが提供できるようになり、素敵な連鎖が続いていきます！

上の立場になればなるほど基本的なことを忘れてしまいがちですが、自分を理解してほしい時こそ、まずは相手のことを理解すること（スタッフの悩みなどを聞くなど）。そうしたお互いに思いやりのある姿勢が大切なのだと思います。

そして、すごい事件が起こります。コロナが流行り始めた時のことです。8年ほど友人関係だった人から詐欺にあってしまったこともかなり大きな打撃でした。

その方は同じく若くして事業に成功していて、元々は私のお客様でもありました。公私共に仲良くさせていただいていた方だったのです。出会った直後からその方は海外でお仕事をするようになり、一緒に仕事をしないかと誘われたのが事のきっかけでした。

店舗のことなど、かなり具体的な話までしていたので、私もその方を信用して先に資金を預けていたのです。ちょうどその頃から新型コロナウイルスが流行しはじめ、しばらくは連絡が取れていたのですが、徐々に連絡が取りにくくなり、気付けばパッタリ音信不通に……。共通の知人が多かったので、周囲に話を聞いてみたのですが、なんと蓋を開けてみれば、私だけでなく他の方からもたくさんの資金を預かっていたようで、その額なんと合わせて数億円！　が持ち逃げされてしまったようなのです。

私はその方のことを心から尊敬していましたし、私に何かあればいつも助けてくれるような方でした。ですから、最初から詐欺をするつもりだったとは思っていません。

あくまで勝手な想像になりますが、恐らくコロナ過に突入してしまったことで、これまで通りに事業が上手くいかなくなってしまい、預かっていたお金に手を付けてしまったのかなと。失った金額の大きさはもちろんのこと、とても仲の良かった友人からの裏切り行為だったということもあり、正直当時はかなりショックを受けていました。


しかし、この経験があったからこそ、資金面で立て直しを図るべく、より一層自分自身の経営を頑張ろうと思えたきっかけでもあります。あの時にこうした失敗をしていなければ、今後も危機感を覚えることもなく、もっとゆるく経営を続けていたかもしれませんし、今ほど高みを目指そうという気持ちになれていなかったかもしれません。

感謝という言葉はおかしいかもしれませんが、自分の経営に対する姿勢を間違いなく変えてくれた大きな出来事なので、そういった意味ではこれも必要な試練だったのかもしれないと、今では前向きに捉えることができています。

その時にたくさんの方に会い、たくさんの学びを受け、たくさんの人脈を広げることができました。時間ができた時（暇な時や仕事がうまくいかない時など）こそ、いろんな方に会いに行き、ヒントをもらったりして、自分の気持ちを高めに行っています。

## 一度きりの人生　やりたい事はすべてやる！

私の座右の銘は「しない後悔より、して後悔」。

ここまでの私の人生において共通していることは、自分の行動や選択にあまり後悔していないということです。失敗したことは山のようにありますし、失敗したことによりサロンの存続が危うくなったこともあります。

しかし、私が大切にしていることは、失敗してしまったという事実よりも、その先に見える景色に希望を持つことです！

独立後にサロンの集客に伸び悩んでいた時は、サロンのブランディングを強化することで流れを一変。スタッフの教育の難しさに苦戦した時は、自分の立ち回りと考え方を柔軟に変化して改善。友人から詐欺にあった時は、経営の糧とする。

このようにすべての逆境をプラスに捉えて行動することで、辛く苦しい状況にも希望の光を見つけて、今日ここまで進んでこられたのだと思います。

そしてそれはもちろん私だけの力ではなく、周りのたくさんの方々の力があってこそなので、本当にたくさんの方々に心から感謝していますし、今後悩んでいたり、困っている方がいたら助けになりたいと思います。

皆様に覚えていてほしいことは、何事もポジティブに考えるようにすること。世の中には言霊があるように、口に出したことは良くも悪くもその通りになりますので、自分が口に出す言葉はポジティブに！


美容師という仕事は国家資格が必要なので、プレイヤーを経て企業、経営に携わるということは、もちろんそんなに簡単なことではありません。私のようにまだスタイリストになってたった1年目で独立をしようという考えは、かなりリスキーに感じてしまう方も多いかもしれません。

でも、リスクを侵すからこそ得られるものもたくさんあり、本当はもっと挑戦してみたいことがあるのに、「難しいから」「自分にはきっとできないから」「失敗するのが怖いから」という理由で最初から諦めてしまっているのであれば、とても勿体ないことかと思います。


何度も言いますが、私もこれまでの人生において、失敗を何回も経験しています。

しかし、それらの失敗をどうポジティブに捉え、いかに乗り越えていく力に変えられるのかが一番大切！　よく〝神様は越えられない壁は与えない〟などと言いますが、本当にそうだと私は身をもって感じています。

そうした経験があったからこそ、焦りと悔しさをバネにして私は目一杯努力をして、周りの方々に心から感謝できる人間に成長できましたし、結果としてさらに事業を拡大することにも成功しました。新しい分野でもやりたいと思ったことにはどんどん挑戦し、今尚自分の可能性を広げ続けています。

本当にいろんなことがあると思いますが、たった一度きりの人生なのですから、思う存分に楽しんでください‼

こんな私の話を聞いて、少しでもプラスな気持ちで皆様の今後の力になれれば嬉しく思います。失敗を恐れず、仮に失敗してしまったとしても、プラスに変えていく姿勢を持って、一緒に楽しい人生を歩みましょう！

あなたへの
メッセージ

---

失敗してしまったという事実よりも、
その先に見える景色に希望を持つこと

春原舞さんへの
お問合わせはコチラ

# 教員を辞めて
# ネイルサロンを開業！
# 人の目にとらわれない
# 自由に生きるための考え方

株式会社 kirkas 代表取締役

## 髙橋由妃江

1975年、岩手県石鳥谷町（現花巻市）生まれ。大学卒業後、10年間、教育事業に従事する。2007年に渡米し、日系の小学校に勤務。退職後、カリフォルニア州マニキュアリストラインセンス取得。カリフォルニア州アーバインのネイルサロン勤務。2009年に帰国。2010年、花巻市にネイルサロンをオープン。2020年、盛岡市にまつ毛専門サロン nail&eyelash room 雅凪 - かなぎ - をオープン。2021年、法人化。見せかけの華やかさではなく、泥臭くも、地道に成果を積み上げることをモットーとしている。

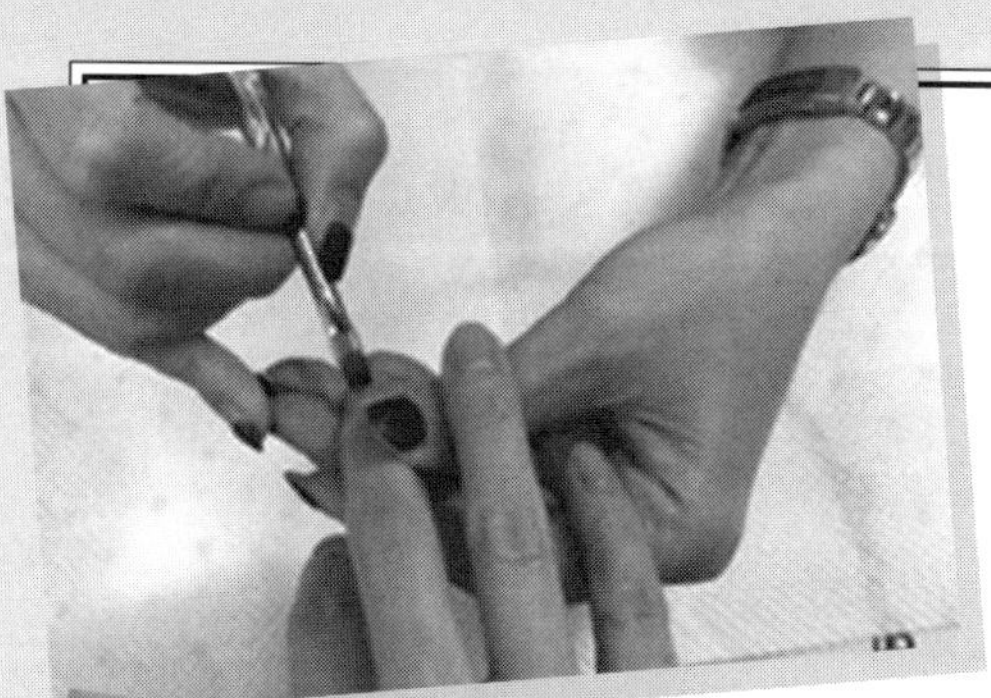

## 1日の
## スケジュール

06:30　起床　子供たちを起こす
主人のお弁当作り

07:15　朝食

07:45　長女をスクールバスに乗せる

08:45　長男を幼稚園に連れていく

10:00　サロンワーク、日によっては事務など

15:00　長男のお迎え

16:30　長女のお迎え

18:30　夕食

20:00　子供たちと入浴

21:00　就寝

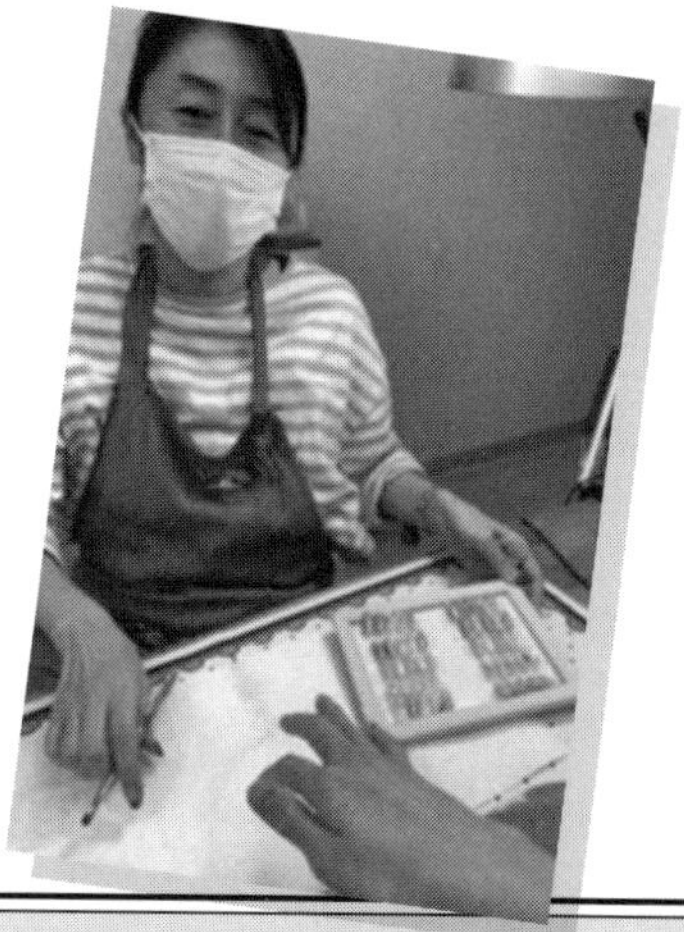

## 30代、教員からネイリストへ転身

私は、岩手県のほぼ中央に位置する石鳥谷町（現花巻市）に生まれました。地元の小中、高校を卒業し、盛岡市の教育系大学に入学。卒業後は教育現場に勤務しました。縁があって、31歳の年にアメリカ・カリフォルニア州に渡米し、2年の教職生活後に退職。その後は、教員を辞めるときに習っていたネイルを仕事とすることになります。

アメリカでは、マニキュアリストが国家資格を必要とする仕事のため、ベトナム系の美容学校に通い、カリフォルニア州のマニキュアリストライセンスを取得。その後はネイルサロンに勤務しながら、自分の顧客を作り、ネイリストとしての生活をスタートさせました。アメリカには何のツテもなかったので、自分で集客し、お客様に施術しながら生活していました。出張でのネイルもたびたびでしたので、依頼があればフリーウェイで40分離れた地域へ出向いて施術することもありました。

教育現場に勤めていた頃よりお給料が安く、決して楽な生活ではありませんでしたが、自分で働いて生活していることにとても満足していました。生活のすべてのことが自分の責任で、自由にできるということが本当に楽しい毎日でした。

ですが、逆に責任を取るのも自分です。自由というのは責任が伴うということを、身をもって感じたのもこの時期でした。さらに、教育やライフスタイル、すべてにおいての考え方の違いを目の当たりにし、自分の価値観が大きく変わりました。

日本はこうあるべき、こうでなくてはいけないという考えが多いように感じます。

一方のアメリカでは、すべてが自分の責任で自由。でも、自分で責任が取れそうにないことはしないという考えが浸透しているように感じました。そこには、自分が主体となって「こうしたい」という意識があり、それは「こうあるべき」「こうしなくてはいけない」という意識より強く感じられます。

本当の教育とは、型にはめることではなく、自分が生きていくための考え方、手段を学ぶことではないかと思います。学習するということは、よりよく生きるための「基礎」を身につけることであり、学力を高めることだけが目的ではないと感じました。

根気よく学習をする、わからない部分を調べる、毎日のルーチンを作るなど、社会人になってから必要とされることを、「勉強する」ことを通して身につけるのではないか、と考えさせられたアメリカ生活でした。

教師という仕事は、もちろん素晴らしい仕事です。

しかし、会議の多さ、他の職員の方々と意見を合わせること、また、本来の仕事である「子供の教育のための時間」が年々少なくなっていくことに疑問を感じていました。

そもそも協調性があまりない私には、多数の人間が所属する職場というものは合わなかったのかもしれません。とても考えさせられ、人生の糧となる教育現場での仕事でしたが、やはりどこか私にはしっくりこなくて、アメリカでの2年の教員生活を最後に、退職することを決意しました。

# 自分の思ったことがすべて

帰国後、知り合いの美容院の一角をお借りして、ネイルサロンをオープンしました。サロンというよりはスペースです。美容院のオーナー様のご好意で、場所代は本当に安くしていただき、自分で仕事を始めたばかりの私には本当にありがたいことでした。

自分でチラシや広告を作り、どうやって認知度を上げ、集客するか。毎日毎日、そのことばかりを考えていました。お客様が来なければ収入は得られません。ネイルで仕事をし、収入を得ていくためには、自分で考え、行動していくしかありませんでした。

また、お客様がいらっしゃる日ばかりではありません。そんな日にはブログを書いたり、サンプルを作ったり。お客様に施術するばかりが仕事ではないと考えながらやりました。

もちろん不安はありました。このまま、明日も明後日もお客さまが来なかったらどうしようという不安。開業して12年経ちましたが、この不安は今でも消えません。明日潰れたらどうしよう、常に危機感に追われている気がします。

ある程度お客様がついてくださった今でも、危機感は持つようにしています。自分が安定したと思ったら負けです。時運は同じ位置にいるということは、努力している同業の方は進んでいます。同じ位置にいるということは、衰退と同じ意味です。常に自分で決め、自分で進まなくてはなりません。

すごく大変そうに聞こえるかも知れませんが、自分で商売をすることは私に向いていたようです。自分で決めたことを自分で考え、実行するということは、誰にも伺いを立てなくてもいいのです。すぐに実行することができます。

そして、責任もすべて自分で取るのです。誰かに代わりに謝ってもらわなくてもいい。すべての決断、行動の責任は自分。ですから、一人でやることは怖くありませんでした。むしろ気が楽でした。誰も私がやることに文句を言う人はいませんし。

自分の判断と決断だけで、２０２０年に2店舗目となるアイラッシュ専門店の盛岡店を出店いたしました。おりしも、世の中はコロナが流行り始めた頃。果たしてどうなるのかという不安はありましたが、出店を決行しました。

私はすごく人に恵まれているので、ここでもさまざまな人に助けられました。

今もバリバリ2店舗目で働いてくれているスタッフや、1店舗目で昔から働いてくれているスタッフ、店舗を貸してくださった大家様、その店舗を初めに見つけてくれた大事な友達をはじめとし、本当にたくさんの方々に恵まれたおかげで、コロナ禍ではありましたが、予約が埋まるアイラッシュサロンとなりました。本当にありがたいことです。

コロナ禍で店舗を増やすという賭けのような行動ですが、どうしてもやりたかったことなのです。やりたいと思う自分の気持ちを大事にし、チャレンジしました。

チャレンジに誰の許可も必要ありません。自分で決断し、自分で実行する。この時ほど爽快さを感じたことはありませんでした。もちろん辛いことも困ったこともありますが、全部自分が責任を取ればいいだけの話です。

死ぬようなことまではないでしょうから、まあなんとかなるでしょう。

スタッフが増え、大事にしていることは、共通理解です。誰かが知らないことがないように。最終決断は私ですが、そこに至るまでの情報共有は、ちょっとうるさいかなと思うくらい徹底するようにしています。

## 家族より大事なものはない

仕事が趣味に近い私ですが、やっぱり家族は大事です。

現在、いろいろな世の中の流れや情勢もあり、男性一人の収入で家庭を支えていくことは大変になっています。女性一人で子育てをしていくのも、難しい世の中になってきています。男性一人で家計を支えていくことはむしろプレッシャーになり、男性の可能性を狭めてしまうように感じます。

私は主人には、たった一度しかない人生、好きなことをして欲しいと思っていますので、もし今の仕事が苦痛であれば、いつでもやめていいと言っています。その代わり、家にいるだけではなく、好きなこと、収入を得られるように努力して欲しいということも伝えています。転職の意思は今のところはないようですが……。

女性が働くことで、家計にも余裕ができ、夫婦間にも余裕が生まれるのではないでしょうか？　経済的に余裕があると気持ちにも余裕が出ますよね。夫婦間のいさかいの元は、大抵が異性かカネと相場が決まっていますから。

大事な家族を守るためにも、余裕のある夫婦関係をつくるためにも、私は女性が働くことに賛成です。そして、男性が家事に参加することも賛成です。もちろん性差というものが存在しますから、それぞれの違いを活かして家庭生活を維持していくのがいいと思っています。つまりは、お互いできること、得意なことを家庭でも活かしていくのがいいのではないでしょうか。

子供の教育でも、経済力があると可能性を広げることができます。お金がないからといって子供の可能性を狭めるのは避けたいと思います。

また、円満な家庭生活を送るためにも、主人への感謝の気持ちはいつも忘れないように心がけています。忙しい時は夕食を作ってくれたり、子供の送迎をしてくれたり、本当に助かっています。やってもらって当たり前ではなく、ありがたいなと思う気持ちは忘れないようにしています。干してくれた洗濯物の形が少し崩れていても、お味噌汁の味が少し薄くても、それは愛嬌ということで。いつも夫婦が笑顔でいた方が子供たちも安心しますし、家庭も円満です。

家庭が円満でないと、いい仕事はできないと思っています。家庭が落ち着いていてこそ、子供たちも安定し、仕事も安定すると感じることが多いです。自由に仕事をさせてくれている主人には本当に感謝しています。

## キラキラしていなくてもいい

自分で起業して仕事をしていると、毎日が充実し、好きな仕事で張り切って毎日働いている。家族との時間もバランスよく取れている。休みも定期的に取れている。そして何より、毎日がキラキラしているように思われる方が多いと思います。

ちなみに、私はキラキラが大嫌いです。高いランチも。華やかなお茶会みたいな集まりも、よくわからない自己啓発系のセミナーも嫌いです。

本気で自分の事業に向き合い、時間の大部分を事業と家族に割くということは、キラキラしている時間なんかありません。美容院だって、自分のネイルだって、空いた時間で行くので、定期的になんかいけません。

毎日仕事の合間に、子供の送迎、食事の支度、仕事の準備……自分の時間なんかほとんどありません。子供達が寝た後に自分の時間が持てる！　なんて夢です（笑）。だって、一緒に寝落ちしてしまいますから。そして、そのまま朝がきます。

仲良くさせていただいている女社長さん方を見ても、自ら率先して動き、書類に目を通し、子供の食事は自分で作り、子供との時間もきちんと持つようにしています。決して高いランチや毎日お茶会をしているわけではありませんが、泥臭く、地道に成果を積み上げて行っている方がほとんどです。

そのように尊敬できる方は、派手ではないけれど、しっかり着実に前進しています。私も見習っていこうと思います。


自分で起業したのに、なんだかキラキラしてないな……と思われる方もいらっしゃるかもしれません。でも、それでいいのです。キラキラしているということは他人の判断です。他人の判断なんかどうでもいい。

毎日が充実している、1日が早くて焦る！　そう思われている方は見えてはいないかもしれないですが、十分内面がキラキラしていると思います。


たった一度しかない人生です。キラキラしていること、他人が自分をどう見るかにとらわれず、自分の好きなように責任を持って生きていくことが一番のキラキラしている人生ではないでしょうか。

これからも泥臭く、年齢相応に歳をとりながら仕事を続けていけたらいいなと思います。

あなたへの
メッセージ

チャレンジに誰の許可も必要ない。
自分で決断し、自分で実行することが大切。

高橋由妃江さんへの
お問合わせはコチラ

高橋由妃江

# 銀座で貯金20万円からスタートした
# ジュエリーデザイン事業！
# 人生を楽しむために大切な
# 感情コントロール法

株式会社 Étoile D'or International 代表取締役

## 高橋ゆきこ

1985年宮城県仙台市生まれ。専門学校卒業後、日本のジュエリー会社に通算5年勤める。2012年にジュエリーブランド MaPRE® を立ち上げ、2020年に株式会社 Étoile D'or International へ法人化。持つ人の人生を豊かに明るく照らし出すジュエリー制作を中心に、人生を楽しむためのライトワークを顧客の身近にする事業も行う。

## 1日の
## スケジュール

09:30 起床＆ストレッチ
ニュースを見ながら
メールの返信、
スケジュールのチェック

10:00 商品の梱包、発送。ひとつひとつに
季節の便箋で直筆のお礼をつける

13:30 ブランチ
（家で作ることもあればお客様や
取引先とミーティングを兼ねて食
事することも）

16:00 商品の撮影＆デザイン製作

19:00 会食（ないときは仕事をしながら自宅で食事）

20:00 SNS の更新とチェック。広告を出している場合は
進捗の確認

22:00 お風呂に入りながら読書。（漫画
から専門書まで好きなものを）

23:00 撮影した写真のレタッチ、
ブログ更新、デザイン製作、他雑務

25:00 海外の取引先に連絡。場合によっては
打ち合わせ

26:30 就寝

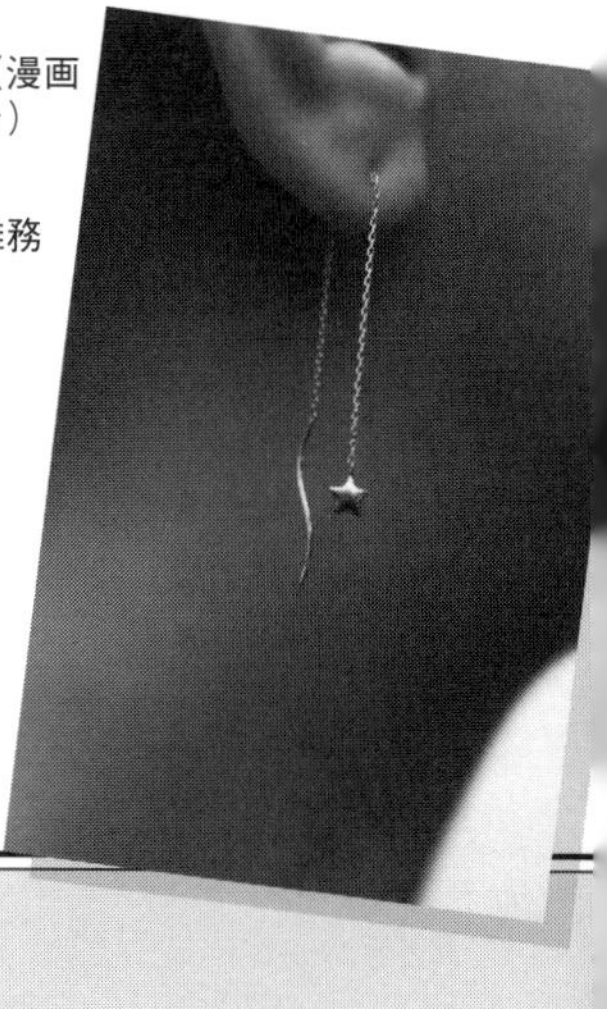

高橋ゆきこ

## 死と向き合い、見えた答え

明日、あなたが死んでしまうとしたら、今日何をしますか？


突然、死神のような質問をしてしまいました。

はじめまして、MaPRE オーダーメイドジュエリーの代表「ねね」こと高橋ゆきこです。

現在、私はジュエリーのオーダーメイドをメインとした事業を行なっています。この度はご縁あってこの本をとってくださったあなたとお会いすることができました。

簡単にはなりますが、この話を通じて、あなたが「今日」とこれから迎える「未来」についてもっと仲良くなるきっかけができれば幸いです。


幼少の頃、アメリカに住んでいた私は、帰国後、高校受験を経て、大阪府の国際教養科のある学校に進学しました。一所懸命に勉強をし、高校に合格したは良いものの、その先のビジョンが見えず、見えない未来に楽しみも見出せず授業をサボりがちになっていました。

勉強が嫌い、というよりは、学校に毎日通って興味のないことに時間を費やすことにぐったりとしていたのです。思春期ですね。

２００1年の9月11日、現在は「アメリカ同時多発テロ事件」と呼ばれている悲劇が起こりました。天高く聳え立つ２つの高層ビルを貫く飛行機、崩れゆくビルの映像が世界中で流され、世界の分断がセンセーショナルに浮き彫りになった日。

「私たちはただ生かされているだけ」

世界の無常さ、そして明日死ぬかもしれない今日、どういった未来を選ぶのかと考えながら、15歳の私は前の日と変わらず、通学路へ自転車を漕ぎ出しました。

どこにいてもなるようにしかならないのなら、今の環境を飛び出してみよう。嫌になったら1年経たなくても帰って来ればいいや。

そうして16歳の私は２００２年の9月、完全にノープラン、ノービジョンで単身アメリカのインディアナ州へ飛び立ちました。

先述した9・11の事件で、アメリカ留学が決まっていた高校生の子たちの留学キャンセルが立て続いたので「あ、じゃあ私行きます」とカジュアルに応募しました。両親にはほとんど相談しなかったのですが、「いいよ～」と送り出してくれたことが心強かったのを覚えています。

ホストファミリー（滞在先での居住等を面倒見てくれる家庭）の選考方式は、現在でいうマッチングアプリのような要領。私のキャラクターの書類は礼儀正しく真面目な（完全にイメージですね）日本人の女の子。美術と音楽が好きで、子供の頃にアメリカに住んでいたので基礎的なコミュニケーションは可能。家で小型犬を飼っている。

その内容と写真を見て、一目で気に入ってくれたというホストマザーは、私が通う予定となる学校の先生でした。一人で3人の子供を大学まで出したシングルマザー。彼女はアートの先生で、学校で描画・写真、そしてジュエリー制作の科目を教えていたのです。

子供の頃から根っからのインドア派の私は、すべての芸術の科目、その中でも学んだことのないジュエリー制作に夢中になりました。

宝石の持つ神秘性と唯一無二の輝き、金属が織りなす繊細ながらも強固で時代を超えた不変性が、変わりゆく世界の中でとんでもなく貴く清らかに感じられたのです。

1年の留学期間を終え、帰国した私は宝石の専門学校に進学し、そのまま宝石業界に就職しました。全国&海外にも店舗展開をしている会社で、最初は販売員、副店長、人事異動を経て、社会人3年目で希望する商品部に配属となります。

そして2010年の3月、奇しくも留学のきっかけとなった日と同じ11日、東日本大震災が起きたのです。

皆様ご存知のように、現在もその凄惨な様子が語り継がれる未曾有の天災でした。両親の実家が岩手と宮城にあり、親戚も多くその地域に住んでいた私には他人事などではありません。


当時私は公私ともに辛い出来事が続き、抑うつ、パニック障害と診断をされていました。

仕事は楽しいけれど、いつデザイナーとして理想とするジュエリーを作れるようになるのだろう？　結婚を前提として暮らしていた当時の恋人は、どうして私の自尊心や今までの人生を否定するようなことを毎日言うのだろう？

このまま私、流されてよくわからないまま、やりたい事をやれないまま死んじゃうのかな。15歳の時と同じキーワードが頭の中で鳴り響きました。

「私たちはただ生かされているだけ」

なぜ自分は今生きて、怯えていることしかできないのか。動かせる足と考える脳があるのにやりたいことを我慢し、他人の指図を受けているのか。

私が明日死んでしまうとしたら、今、本当にやりたいことは何なのか。

物心ついた時から私の後ろにずっと囁いてくる「いつか必ず死ぬのにどうして生きるのか」という問いに、最初の答えが出たのです。

「死ぬなら今できる、すべてのことをやって死んでやる。後悔ができないくらいめちゃくちゃにしてやる」

恋人と別れ、会社を辞め、退く道のない状況に自分を追い込んで、初めて人生がはじまった気がしました。

私は自分で自分を殺して、脱皮させました。

約束された明日など、気づく前には波に流されて消えているかもしれないのですから。

## ストーリーで魅せるジュエリーデザイン

さて、自分の人生を生き直すことに決めた私が最初に始めたことは「無理めなスタートラインからのクラウチングスタート」でした。会社勤めの1ヵ月分の手取り20万しかないにも関わらず、バーンと銀座の住所に事務所兼自宅を構えたのです。

明日死ぬなら時間が経つのを黙って受け入れるだけ。挑戦については何も怖くありません。（無謀すぎるので今から始める方には本当にこれはお勧めしません……起業するための補助金がいろいろありますので、その時には是非調べてみてくださいね）

フィールドは大好きなSNSで、と決めていました。更新するのも他の人の投稿を見るのも大好き。個人事業を立ち上げた2012年は、東日本大震災でインフラが壊滅的な中、Twitterが大活躍したのも記憶に新しく、とりあえずTwitterでスタートを切りました。

とはいえ実績ゼロでは受注など入りようもありません。ですが、たまたまその頃、私は個人のTwitterアカウントで日々のどうでも良いことを呟いていたら、フォロワーが1000人くらいいるような状況でした。

「ここをそのまま即売会場にしてみたらどうだろう？」と、たった一型のペンダントをオーダーで受注開始したところ、ありがたいことに5日で100万円以上の売上になったのです。なんのインフラも整えていなかったので、制作ミスやお届けに時間がかかり、その当時、お求めいただいたお客様方には本当にご迷惑をおかけしました……。

その時に決めていたのは、①価格帯（3万円ほどのライン）②ジュエリーを一つも持っていない人でも手に取ってみたくなるストーリー性　③受け入れられやすいデザイン　です。売れる王道のデザインパターン&価格帯というものは必ずあり、大きな会社でそれを学ぶことができたのは大きなアドバンテージになりました。

しかし、それをやるだけならどこでもできます。私だけができることはなんだろう？と考えた結果、②の「ストーリー性」に1番のウェイトを置くことに決めました。

この本を今読んでいるあなたがそうであるように、人は自分の人生というシナリオの主役なのです。シナリオの方向性がビシッと決まっていれば、そのシナリオに人は惹きつけられます。しかもそのシナリオはそのジュエリーを着けてくれる方のためのもの。主役が主役たらしめるための装備として選ばれる、自分自身を投影できるジュエリーにすることを重要視しました。

「MaPRE PETIT」＝小さな私のお気に入り　というMaPREブランドの名前を付けたこ

のシリーズには次のようなストーリーを付けました。

「お持ちになられる方に寄り添い、シンプルであること、着けやすくあること、毎日に華を添える存在であること」

正面：一粒の宝石を大切に包み込むように作ったトップの内側を、鏡のように磨き上げる事で、周囲にその輝きを反射させ増幅させます。宝石に込められた想いが大きく明るくご自身と周りの人まで照らし、輝きますように。その宝石を包み込むのはミルグレーションという飾り打ちです。ミルには「１０００」という意味があり、それが一周終わりなく続きます。お持ちになる方の想いが永遠に繋がりますように。

側面：ふっくらとした形を壊さないよう、チェーンが通る部分も滑らかに。するするとチェーンの上をトップがきらめきながらすべります。

背面：くるりと裏返ると磨き上げられたハートがきらめきます。つややかな仕上がりのハートは、普段は着ける方の肌に触れており、ふとした瞬間に裏返ればその姿を現します。

といった具合です。

デザインは、ぱっと見シンプルな一粒石で、どこでも手に入れられそうなのですが、この「形になった理由」こそがデザインの意図であると伝わるように、ページやツイートを構成しました。10年以上経った今も売れ続けてくれているMaPREの定番品&原点です。

## 感情のコントロールと課題の可視化

プライベートでも仕事でも、心を常に豊かに保つことはクリエイティブ&ポジティブに人生を楽しむのにとても大切なことです。マイナスの感情をひきずったままでは良いパフォーマンスはできません。特にフリーランス、一人で仕事をされている方は気持ちの切り替えが難しい、という方も多いのではないでしょうか。

そこでおすすめなのが、「感情のコントロールと課題可視化」です。

《感情のコントロール》

感情を揺さぶられることがあった時に、条件反射で反論するのは得策ではありません。逆手に取られてよりこちらが不利な状況になることが多いためです。

それを狙い、わざとこちらを揺さぶるように攻撃してくる人もいます。そのような場合はゆっくりと心臓を宥めるように一呼吸おき、「大変勉強になります。精進致します。○○さんはどのようにされているんですか?」と相手にバトンを渡してあまり喋らないようにしましょう。相手にしゃべってもらって情報収集と観察を行うターンに徹するのです。

この時の感情をこの後可視化して、自己分析と課題クリアに役立てます。

《紙に書く》

先述した「感情を急に嫌な方向に揺さぶってくる事故」は相手が意識的でも無意識でも起こり得ます。特に厄介なのが「侮辱された」「怒り」という感情です。

相手との相性、自己評価の問題など、いろいろな要因がありますが、それは原因が多様すぎるので割愛いたします。

さて、必要なものはこの2点。

・紙(なるべく無地で大きい紙がベスト。ページを送らず一目で見られるサイズがいいです)
・ペン（三色くらい）

①興奮状態の自分がいることを一旦認識し、「一体今、自分は何に怒りを覚えているのか?」ということを細かく時系列順に書き出します。
②「現時点で考えられるその問題の最終ゴール」を決める。
③そのゴールに向けての解決策を複数出す。
例えばゴールが「この相手（Aさん）との商談をまとめる」なら、「今後Aさんと同じ

プロジェクトを行うときにはAさんが気に入りそうなクッション役のBさんを入れる」というようにゴールから逆算して解決策を作ります。

この時、複数の解決法、アクションをつくっておけば、同じような問題が起こった時にいろいろなアプローチを試せるので、効果的なものが見つかる可能性も高くなります。

ここまでやると興奮状態だった自分は冷静になっているかと思います。

おしゃべりや書き出さないで悶々と考えていると、何に怒りを感じていたのか、今後どうすればいいのかふわっと忘れてしまうので目にみえる形にするのが大切なのです。

もちろんお友達と大騒ぎしてリフレッシュするのも大正解。

いつでもご機嫌でいられるように、自分の機嫌は自分で取り、さらにスマートに問題解決までしちゃいましょう。

驚くほどスッキリしますので、これは是非お試しいただきたいワークです。

## あなたの選択が、あなたの未来をつくる

15歳の時の9・11。25歳の時の3・11。そして、35歳の時に法人化。

10年ごとに自分の人生を大きく考える機会に恵まれてきました。

35歳は、男性も女性もキャリアの切り替え時だと感じています。

25歳の時は、やっと仕事に慣れてくる頃。30歳は結婚をはじめとした、今後の自身の人生について悩む頃です。

そして35歳頃は、その学びや迷いを現実化する能力に変えられるタイミング。

次の45、55歳も間違いなく大きな渦に巻き込まれていくことでしょう。

その時どのように舵切りをするか、すべては今までの積み重ねと選択の結果です。

20～30代前半をどのように生きてきたか、何を選び取ってきたかでその果実は大きく違ってくるでしょう。思い描いていたものと違ったとしても、その材料を使って自分なりに思考して現実を変えていけば良いだけです。

手始めに、残り20年の時間をどう過ごしたいか、着地点をどうしたいかを考えてみるの

も楽しいものです。

もちろん、目の前にある問題で手一杯の時は、全力でそれに立ち向かってください。必ずそこから得るものがあり、確実にレベルアップした自分に出会えるのですから。

ジュエリーの仕事は、私の人生に喜びと幸福を与えてくれています。もちろん試練はあれど、それを乗り越えていく過程すらも楽しめる運命の恋のような仕事です。

世界を燃やし尽くすような執着心と、自分が明日死んでしまっても悔いがないという諦念が私の中には共存しています。

持って生まれたカードでどのように世界を遊び尽くすか、それともカードを違う形に折って新しいゲームを自分で作り出すか、はたまたカードを持っているがそれを見もせず終わるのか。どのように使ってもあなたの自由。

ただしエンディングのタイミングは選べません。いつエンドロールが流れてもいいように、この一瞬を好きなように生きることが私の人生のテーマです。


さあ、あなたは、あなたの今を、どう生きたいですか?

## あなたへの
## メッセージ

人生のエンディングのタイミングは
選べません。
いつエンドロールが流れてもいいように、
この一瞬を好きなように生きる！

高橋ゆきこさんへの
お問合わせはコチラ

# 「過去の自分が嫉妬するくらい欲張りに生きる」をモットーに人見知りからＢａｒを経営するまでになった挑戦ストーリー

株式会社ミスティーク 代表取締役

## 俵未來

1989年、神奈川県生まれ。大学で経営学を学んでいたが、接客の面白さに魅了され、中退する。24歳でＢａｒの雇われ店長になり、潰れかけていた店舗を再建。１年後、その店を買い取り独立。2019年に法人化。2021年、第1回ナイトクイーングランプリのスナック部門でグランプリを獲得。同業他店舗との繋がりを大切に、夜の街の魅力を伝える橋渡し的役割を目指している。2023年12月に開店10周年を迎え、スタッフ育成や、さまざまな客層のための憩いの場を提供し続けている。

## 1日の
## スケジュール

02:00　お店の締め作業終了

02:30　同業者様のお店で食事

04:30　始発で帰路へ

05:30　帰宅

07:00　就寝

11:30　起床

12:00　炊事・洗濯、お客様やスタッフ・
業者様へ連絡確認

13:30　就寝（2回目）

15:30　起床

16:30　出勤

17:30　近隣の店舗へ挨拶や買出し等

19:30　開店準備をして、営業開始

## 初めての家出と人生を変えたＢａｒとの出会い

横浜市にある福富町という街でスナックバーを経営しております、未來です。

２０２３年、開店10周年を記念する折に、何かできないかと思っていたところ、Rashisa出版様の共同書籍に残すことができました。コロナ禍で店を続けていけた粘り強さが、この文章から伝われば幸いです。

大学受験で一浪した結果、私は滑り止めの学校へ進学しました。もちろん学業を修めることが目的でしたが、社会人になる前に人生の勉強をたくさんしておきたいと思い、さまざまなコミュニティに所属しました。「やりたいことは全部やる」「誘われたらできる限り参加する」これがその頃のモットーでした。それは数年後に控える就職活動のアピール材料のために。受験に失敗した経験が、もうあとはないと私を奮い立たせていたのです。

その頃は、高校生までに貯めた貯金を切り崩して、各サークルの合宿や交際費に充てていました。実家暮らしだったこともあり、「今は、将来の金の成る木を育てているんだ！」と自分を説得し、経験値を増やすことにお金も時間もたくさん費やしました。

ところが、大学1年が終わる頃、貯金の底が見えてきてしまい、アルバイトを始めました。選んだのは苦手な接客業。社会に出るうえで一番必要なスキルだと考えたからです。人見知りの私にとって、居酒屋のホールスタッフは過酷でした。まともな接客もできないのに、頭の中では「来店されたお客様に楽しんでいってもらいたい。せっかく同じ空間にいるのだから、このお店の良さを知ってもらいたい」そんなことを考えていました。

しかし、活気のある居酒屋でスタッフに求められていたのは、元気の良さとスピード提供。優先順位を間違えていたのです。ある日、年下の先輩アルバイトに「みきちゃんは、言葉と行動が伴っていないんだよね」と指摘されました。なにも言えませんでした（笑）。

大学2年の夏、「外出ばかりで出費も多い。何をやっているんだ！」と両親の私に対する不信感がピークに達しました。説得できるはずもなく、20歳にして人生初の家出をします。「ネットカフェ難民」という言葉が生まれた頃で、一泊千円、最長2週間泊まれました。1畳ほどの部屋から大学やバイトに通い、次に住む部屋を探しました。

友人からは、「うちに泊まれば？」「実家があるだけうらやましい。早く親の元へ帰りなよ」と、もっともなことを言われましたが、ここで戻ってしまっては、きっと人生で何も成し遂げられず歳をとってしまうのではという焦りが行動力となりました。

その2週間の中で見つけたのが、大学の最寄り駅から徒歩15分、家賃3万6千円のワンルーム。アパートの入居費で貯金を使い果たし、そこから極貧生活がスタートします。だんだんと「誘われたら全部行く」この言葉のツケが回ってきます。さまざまなことが中途半端になっていたのです。そして私の強みだった貯金ももうありません。現状を応援してくれる友人もいないし、初めての切り詰めた生活に心の余裕もなくなっていました。

その年の学園祭で、ある男性たちと出会いました。道案内から仲良くなり、今後もサークルのイベントをお知らせできたらと連絡先を交換。そのうちの一人がＤＪバーの店長でした。知り合って1ヵ月ほど経った頃、バイト終わりに携帯が鳴りました。

「今から飲まへん?」なんだ、バーの営業かと思い、「行きたいんですけどお金ないんですよね」と遠回しに断ると、「そんなの気にすんなや。○○っていう居酒屋においで」と。

これも何かの縁だから、とりあえず行ってみようと足を運ぶと、居酒屋やバーを数件ご馳走になりました。将来への不安や自分の考えを聞いてくれて、今までチェーン店のようなお店にしか行ったことがなかったので、すべてに感動しました。

人を楽しませて人をつなぐ。こんな仕事があるんだ! 私もそんな人になりたい。就職活動を控えていた私には本当に衝撃的で、今の仕事に就くきっかけとなった出来事でした。

## 雇われ店長に就任、おごる側のキツさを知る

接客を極めたい。そんな思いから親の反対を押し切って大学を休学し、さまざまなアルバイトを経験しました。22歳のとき、高校時代の友人に誘われて、会員制のバーで働くことになります。その場所が、現在私が店を構えている福富町です。

新しく開店したばかりのお店ということもあり、お客様の来店がない時間はビラ配り。(会員制なのにビラ配り?)道行く知らない人にショップカードを配りますが、そのお客様のことを管理するのも自分の仕事。ヒマな時間が苦手だったので、そういった時間を利用して店の外で営業活動をするのは向いていたと思いますが、なんといっても人見知り。声をかける相手を間違えてはいけないと人間観察に力を入れ、毎日1~2組は新規のお客様を獲得していきました。これが現在の当店を支えている来客数の強さです。

バーは大人の社交場です。ケンカなどのトラブルはご法度。目先の利益よりも、ひとつのトラブルのほうが恐いので、問題を起こしそうなお客様は、その方の顔を立てつつ、店に呼ばない。時間はかかっても確実な信用を築いていく。その大切さを肌で感じました。

店内がノーゲスト状態になるとまたすぐビラ配りをする日々。嵐の日も雪の日も毎日数時間、街に立つ。お店が暇になると聞こえてくる店長の「ビラ配りしてきて」。この言葉が怖くて、必死に営業メールや電話をしていました。開店当初5～6人いた女性スタッフは、気が付くと、在籍は私だけになるほど厳しいお店でした。

居酒屋バイトの頃とは違い、一人ひとりのお客様と向き合う接客が求められ、正解が分からず、相手のことを慮るとキリがないと、一度逃げてしまった接客業を試行錯誤できる環境がそこにはありました。

正解が用意されていないからこそ、その日の自分の判断や受け答えを何度も脳内で振返りました。あのときはあの対応でよかったのか、別の言い方をすればお客様をもっと楽しませられたのではないか。復習や予習をすることで、同じ1回の出勤でも経験値だけは2倍から3倍に伸ばしていけるのではと考えていました。

毎日自分が呼んだお客様の組数と売上、来店に至った流れ（興味を引いた話題やその場のノリなど）、新たに交換した連絡先を手帳に記録していきました。数字にすることで、現状を把握でき、来月の目標が立てやすくなるからです。今月は50名呼べたから来月は70名以上を目指そう。今の客単価は一人3500円だから、もう一杯か二杯ずつ飲み物をお勧めして5000円にしていこう。不思議と具体的な数字を手帳に書き込むことで毎月目標をクリアしていけました。

連絡先は、1年に約200名ずつ増えていきました。客層の良さも、一見遠回りに見えますが、一緒に働くスタッフからの信頼と、常連様がまた新たなお客様を連れて一緒に飲みに来てくださるという連鎖につながりました。「お客様は、神様です」という、聞き慣れた言葉。本当の意味はこのとき理解できたと思います。お客様がいないと、お給料はおろか、我々は居場所がないのです。

そして1年後、2号店としてスナックバー「ミスティーク」がオープンします。既存のお客様を大切にしつつ、ビラ配りを続けることで、そちらにもお客様を紹介できるようになりました。しかし、開店祝いの流れが落ち着いた半年後、売上が落ち込み始め、スタッフが退店。俗に言う開店休業状態。赤字はどんどん膨らみます。

この流れを変えるために私がミスティークの店長を務めることになりました。日頃の成果が認められたと感じ、本当に嬉しかったです。24歳でした。

雇われ店長といえど、店舗の経費や他のアルバイトのお給料も考えなくてはなりません。これまでは、自分ひとりの人件費しか視野にありませんでしたが、ここからは、自分の給料の2倍3倍を売り上げて、やっと店が成り立つという状態になります。この重責に気付いた時、背筋が凍りました。

　当時2名のスタッフがいました。水商売には、日払い可という風習があります。その日のお給料の一部を前借りできるのです。今夜もし、2人から日払いしたいと言われたら現金が足りない。今夜、頑張ってお客様を呼んで売上を作らないとお金がない。ヒヤヒヤする日が何度かありましたが、スタッフの頑張りの甲斐あって、実際に足りなくなることは一度もありませんでした。店長としての面子はみんなのおかげで保たれました。

　そして、もっとヒヤヒヤするのは、スタッフを連れてご飯や飲みに行くときです。お財布の中には、残り2万円……。店の経費はまだ使わせてもらえないので、本当は〇〇というお店に行きたいけど、今日の予算的には△△にしておこう。調子に乗って頼みすぎないようにしないと……。そんなことを考えているのがバレてしまうことが一番かっこ悪いので、気付かれないように。自分が先輩方にしてもらったことを後輩に返していくことの大変さを、身をもって知りました。

　かっこいい大人に憧れていたので、この頃は自分の買い物は我慢して、スタッフを連れて飲みに行くことにお金や時間を使いました。そのため服装のバリエーションがなかったからか、この年の誕生日にはスタッフから洋服をプレゼントしてもらいました（笑）。今も大切にしています。

## 店を買い取り、夢だった法人設立へ

ミスティークを盛り上げていくことばかり考えていましたが、大学休業の期限が迫っていました。一度復学の手続きをしたのですが、どうしてもこのチャンスを逃したくなかったので、かなり強引に退学することを選びました。

受験を失敗したときのような焦りが再び襲いました。20代半ば、新卒で働いている同級生は出世していく人もいれば、結婚して子どもを授かる人もいます。そろそろ一旗揚げないとみんなから取り残されてしまう。

元々のオーナーは酒癖が悪く、自分の店に飲みに来てはお客様に迷惑をかけることが多々ありました。私がこの店をやめて閉店してしまうのも嫌だし、他の人が店長になって、今以上の盛り上がりを見るのも嫌だ。ミスティークは、1から育てた我が子のような想いの詰まった場所だから、私がこの店を守るんだ！

悩んでいるタイミングで、経営者になることを勧めてくれた大学時代の先輩がいました。できるかわからないけど、やるだけやろう。前のオーナーから独立するための方法をひそかに調べ始めました。

ラッキーだったのは、テナントの保証金が相場よりも低かったこと。これでおおよその開業資金がわかり、あとは期を待つのみ。機嫌がいい時を狙い、話を切り出し、あとは細かい調整を1ヵ月ほどして、25歳のときに店内の備品と在籍のスタッフを引き継ぐことができました。


スタッフには恵まれてきたと思っています。求人を見て来てくれた子のそれぞれの強みを伸ばしながら共に成長していきました。売上が厳しい中でもスタッフを雇い続けた理由は、人が人を呼ぶ商売だと感じたからです。コロナ禍は特にそう思い、在籍スタッフの時給を上げました。

自分が雇われていた時に感じた将来への不安を、自分のスタッフには経験させたくない。その思いから会社を設立しました。これから入店してくる子も、正社員として働けるとわかれば、少しでも安心して仕事ができると考えたからです。株式登記が完了したのは、29歳のときです。小学校の卒業アルバムに書いた、社長になるという夢が叶いました。

バーのホールスタッフから店長へ、店長から社長へ。肩書きというプレッシャーが私を成長させてくれました。

## 魂がワクワクするほうへ　今が一番若い

あるとき、『残された人生の中で、今日が一番若い日』という言葉を見つけました。生きてきた時間の中では、今が一番歳を重ねているけれど、残された人生においては今が一番若いのです。20代のうちにいろいろな分野へ飛び込むようにしてきましたが、30代に入ってからも挑戦したことがあります。それは、ミスコンです。

２０２１年に一般社団法人日本水商売協会主催の『ナイトクイーングランプリ』が開催されました。夜の業界で働く女性を対象にしたコンテストです。年齢関係なく参加できるナイトクイーングランプリ。なんて夢のあるミスコンなのだろうと思いました。しかも、自分の職業を武器にできる大会です。

しかし、締め切りが近づいても応募できずにいました。水商売のコンテストに出場するなんて言ったら、うちのスタッフやお客様に笑われてしまうかな。いったいどんな人が出るんだろう。私なんかがエントリーしてもいいのだろうか。あれ……。私のやりたいことってなんだっけ？　そうだ、チャレンジすることだ。挑戦することが好きなんだ。かっこいい大人に憧れてここまできたんだ。こんなに弱気じゃ過去の自分に笑われてしまう。自信がないなら、それにふさわしい女になればいい。
締切日の夜、応募動機や意気込みを打ち込み、ガーベラ部門（スナックとショーパブで働く人が対象）にエントリーしました。
大会の1ヵ月前、無事にファイナリストに残りました。ほっとしている時間はありません。当日の衣装の手配や、夜の仕事に対する思いを伝えるスピーチ練習、パーソナルジムの時間を増やして外見を磨き、普段の店舗の営業にプラスして、お客様へ課金投票のお願いもしていました。審査項目には、水商売らしく売上競争もあったのです。

大会当日は、リハーサルがあるためファイナリストは朝早くから集合しました。営業形態で分けられた部門ごとに並びますが、ピリピリした雰囲気はありませんでした。それは、同じ夜の街で働く者同士のリスペクトの表れだったと思います。
ウォーキングとスピーチの審査が終わり、いよいよ結果発表です。
ステージの上で部門ごとに3位から発表されます。（呼ばれなかったらどうしよう）
緊張で足は震えていました。

「ガーベラ部門、グランプリは…エントリーナンバー83番　未來さんです」

（やった……！）嬉しいというよりほっとしました。そして感謝の気持ちが一気に込み上げてきました。これでトロフィーを持って帰れる！　みんなに良い報告ができる！　その日の夜、自分の店でいただいたお祝いのシャンパンは、本当に美味しかったです。

夜の街は華やかに見えるかもしれません。しかし、見せかけの華やかさに憧れたわけではないのです。幼いころに見たホステスのドラマでは、お客様に見せない苦労や、大切な人への想いが描かれていました。お金と見栄の張り合いで自分の価値を誇示する、昨今のいわゆる〝映え〟はそれを助長しているように思えます。

本当に確認したいのは、人と人とのつながり、本当に大事なのは見栄えや加工より、人としての中身だと考えています。自分や相手の価値を見せ合うような時代ではなく、目には見えない自身の心を大切に生きていきたいと思います。

今、あなたはどんな大人になれたでしょうか。誇りをもって仕事をされていますか。

私はたくさんの小さな夢を、この仕事を通して叶えました。誰かを置いてきぼりにしない。これが私のテーマです。そのために説得力のある人間になることを目指してきました。口だけでは、『何も成し遂げていないじゃないか』と笑われてしまいますから。

来店してくれるお客さまに喜んでもらえるよう講習会へ参加したり、各分野へ学びを深めることも、さまざまなステージで活躍している人に実際に会いに行き応援することも、全てが私の喜びであり、人と人とのつながりで成り立っているこの仕事の糧になるのです。だれも仲間外れにしない。大人だって悩むし、それを吐露できる場所が必要。だから私は接客業が大好きなのです。いろんな感情をさらけ出させてくれるから、夜の街が大好きなのです。これからも、さまざまな人がお互いを認め合う世の中になっていくお手伝いができたらと思っています。

そして実は、今年もナイトクイーングランプリに挑戦しています。過去の栄光で酒を飲むのではなく、これからのお互いに杯を交わしたい。そんな思いから二連覇を目指しています。この本が刊行される頃には結果が出ています。

過去の自分が嫉妬するくらい欲張りに生きる。あなたがワクワクすることはあなたにしかわかりませんし、それは人それぞれ全く異なります。

さぁ、あなたの魂が喜ぶほうへ！

女だから、もう何歳だから、そんなことは考えなくていいのです。今が人生で一番若い。ワクワクする人生の先でぜひあなたと出会いたいと思います。

## あなたへの
## メッセージ

生きてきた時間の中では、
今が一番歳を重ねているけれど、
残された人生においては今が一番若い。
だからこそ、
あなたの魂が喜ぶほうへ挑戦しよう！

俵未來さんへの
お問合わせはコチラ

# アパレル業界から飲食業界へ転身し起業！人と人との繋がりを大切にすることで生まれる新事業への挑戦

株式会社祥菊 代表取締役

## 富田祥恵

1983年生まれ、熊本県出身。高校卒業後、アパレル会社に就職。百貨店で勤務し、30歳を機に飲食業へ転職。3年後独立し、飲食店を開業。事業拡大を考え、2021年9月に株式会社祥菊を設立。現在は酒類の小売から間口を広げ、芋焼酎原料やお菓子の原料となるサツマイモの農業生産業、自社食品販売を手掛けている。

1日の
スケジュール

09:00 起床

09:30 洗濯・掃除・朝食

11:00 会社出勤・ミーティング

13:00 打ち合わせ・会社訪問

16:00 一旦帰宅・夕食作り・愛犬のお散歩

18:30 会食

20:00 飲食店出勤

26:00 帰宅・お風呂

27:00 就寝

## 惰性から抜け出した最初の一歩

振り返れば20代は、がむしゃらに仕事をしたという感覚ではなく、日々に追われていたような気がします。人生の目標といえば、ただ漠然と自分で商売をしてみたいと思っていました。大卒でもないし、特に資格を持っているわけでもなく、一日中デスクに座って仕事をするタイプではなかったので、できる仕事は限られていました。

アパレル業界に入ったのは20代。毎日新しい服に囲まれて、キラキラした世界かと思いきやみんなが思うより重労働でした。毎日大量に入ってくる服を検品し、合間に接客、ヒールの高い靴で歩き回り、お昼ご飯は夕方を過ぎることも多々ありました。

給料明細を見れば、いつも社販で大量に服を買っていたので、1ヵ月生活するのがやっと。毎月その繰り返しで、気がつけば30歳目前。このままだとこのループから抜け出せない気がして、これをきっかけに何か新しいことにチャレンジしようと思い立ったのが、なぜか大型のバイクの免許を取りに行くことでした。

バイクなんて興味があったわけではなく、ふとコンビニに停まっていたバイクがカッコ良くて、自分が経験したことのないことに興味が湧いたからという単純な動機です。

しかも自動車学校で受付して、すぐその足でバイク屋さんに行って、アメリカンバイクを買いました。もちろんフルローンで。

客観的に見れば、このような行動をする人は、あと先考えられる人間ではないようですね。だけど言い方を変えれば、目標を作ってそれに向かって一直線に突き進む、ということです。良い言い方をすればですが……（笑）。

思えば、新しい人生のステージに進んでいたのかもしれません。何かに挑戦したい気持ちと日常から抜け出せないもどかしさとの葛藤の中で、大きく踏み出した一歩だったと思います。それがどんな形であれ、どんなことであれ、自分から事を起こすということが大事です。

30歳を機に、まったく経験のない飲食業に転職しました。知り合いが独立したばかりで、知識のない私でしたが心よく迎えてもらいました。誰かのために仕事をしたのはこれが初めてです。ここも私のターニングポイントになったと思います。

今まで20代の仕事は、自分のための時間やお金でしたが、転職して、周りの環境が１８０度変わり、辛いことがあったときに助けてくれた人に恩返ししたいという一心でした。

お店はまだオープンして間もなかったので、とにかく繁盛店にしたくて、スタッフみんなで朝までミーティングで戦略を立てたり、私はお酒をほとんど飲んだことがなかったので、ウイスキーからワイン、焼酎、カクテル、とにかくお酒の知識を高めました。時間があれば他店を回り、店舗のレイアウトからテーブルセッティング、接客を学びました。ゴルフ接待と言われれば、ゴルフを始めました。今となってはありがたかったですね。

労働時間が長く、お休みを返上して働きまくっていたけれど、それでも楽しかったです。店のオーナーは弁も立つし、洞察力のすごい人でした。ビジョンを掲げ、同じ時間を共有しながら人を育て、いつ寝ているのかな？　と思っていました。

私は経営者として、オーナーと同じことはなかなかできません。だからこそ、誰と一緒に仕事をして、誰と時間を共有するのかが、とても大事だと思います。それは好き嫌いの感情抜きにしても、できる人はできる人のやり方があるはずです。見つけられるかは自分次第だと思います。

新しいことを始めることが、すべてのことにおいて正しいわけではないし、続けることの難しさや、大変さの中にある信念もあると思います。でも、何か新しいことに挑戦したい気持ちや、今この時から抜け出したいと感じていることがあるなら、少しだけ自分で自分のことを応援してみるといいですよ。

## 「絶好のチャンス」に変えるのは自分次第

人生何事もタイミングが大事だと思います。

すべて運よく上手に回ればいいですが、そんなに甘くはないですよね。

独立を考えはじめた頃、未曾有の熊本地震が発生しました。何年経ってもあの日のことは鮮明に覚えています。私はビルの8階にいて、「ドン!」という音がして顔を上げた瞬間、何が起きたのかわからなくて、ビルが崩れていくと思いました。地震だと気がついたのは揺れがおさまってからでした。お店の中にはお客様とスタッフと40名ほどがいて、ビルの外に避難した時、通りは人で溢れていました。電話が繋がらなくて、家族に一生懸命電話をかけている人や、コンビニに食料や水を買いに行く人、急いで家に帰っている人。それでも容赦なく余震は続きました。その度に携帯の警報音が一斉に鳴り響き、あの音が鳴ると、いまだにビクッとしますね。

実際に震災を経験して、そのなかで人の優しさに触れ、いろんな人に助けてもらいました。あれからテレビのニュースで災害があると、いつもその時の事を思い出します。最近はふるさと納税や復興支援で援助できることもあるので、微力ながら自分にできることを見つけて恩返ししているつもりです。

熊本地震から3ヵ月ほど経って、やっとみんなが日常を取り戻しつつある時に、お店の常連さんから「地震で辞められたお店を引き継いでやってみないか？」とお話をいただきました。オーナーに相談すると、すぐ背中を押してくれました。

でも何も知らない私を育ててもらい感謝の気持ちがあったので、なかなか決断できませんでした。周りの人に相談したりして悩みましたが、このチャンスを逃すわけにはいかないと思い、決心しました。

長い人生において、限られた回数しか巡ってこない好機を掴むかどうかは自分次第です。しかも、それが必ずしも絶好のチャンスかどうかはわかりません。これからの自分次第だと思います。道を切り拓いていくのは一番前を歩いている私自身なのです。

そこから独立まで準備期間は3ヵ月もかかりませんでした。ある程度居抜きで使える物件でしたし、なるべく改装費を抑えて、備品は業者から協賛品を活用しました。なるべくお金をかけないようにというか、ほとんどお金を持っていなかったので、オープンしてからの運転資金が必要なんて考えてもなかったです。今思えば怖い話ですけど。

とにかく300枚はどの交換した名刺を握りしめ、案内状を出すくらいしか集客方法はありませんでした。ご来店いただいたお客様にリピートしてもらえるような特別を作ろうと店づくりを目指しました。

会員制にしたのは、一見さんより常連のお客様を増やしたかったからです。狭い店なので常連さん達は顔見知りになり、そこでお友達になったり、ビジネスになったり、私だけでなくみんなの集いの場になってほしい。そんなお店だと私も仕事していて楽しいです。

なんとか10月にお店をオープン。街は復興支援で県外から来ている人も多く、中国からのツアーの人達でアーケードは人で溢れていました。飲食店も賑わってくれたので、私も上手く波に乗っかったタイミングでしたね。

誰でも起業することは簡単です。手続きして、ある程度の資金さえあれば会社もできるし、お店だって持てると思います。ただ商売の何が難しいって、続けていくことが一番難しいと思います。飲食店をしているので飲食業の例えが多いですが、繁華街は熊本の小さな街でも年間何百というお店が開業し、同じ店舗数ほど閉業していきます。特に近年は、コロナ禍で閉業したお店は通年の3倍とも聞きました。でも未曾有の地震やコロナの中でも根強く生き残っていく店舗だってたくさんあります。

時代の流れとともに変化し、継続していかなければなりません。独立して7年、経営者として固執せず柔軟性を持って誰よりも成長させてもらっています。

## 前へ前へ前へ！　―新たな挑戦―

会社を設立してまだ2年弱ですが、社員も増えて、仕事の幅も広がってきました。

コロナ禍が始まり、なかなか終息の見えない中で自分に何ができるのか？　先の見えないこの状況で新しいことにチャレンジすることが正解なのか、今やるべきことではないのではないかと葛藤しました。

そんな時、知人の紹介でワイナリーの方とお話しさせてもらう機会があり、ものづくりに対する思いや販売戦略に刺激を受けました。「興味があるなら自分で酒屋を立ち上げてみませんか？」とお声かけいただき、こうなると私の性格なので即断です。それが会社を始めるきっかけになりました。

今まではお店でお酒を提供するだけでしたが、焼酎1本とってみても、販売から製造、そして原料まで掘り下げていくほど知らないことばかりで、作り手さん達の思いがこもっていると思うと愛おしく感じました。お酒は紀元前から存在するもので、今この時代でもなくならないもの。これからの時代も人間の娯楽には欠かせないものだと思います。

しかし、コロナ禍で飲食店は休業、家で宅飲みが当たり前になり、飲み会はZOOM、私たちの日常の中でお酒を楽しむ形が変移している時でした。

私も飲食店を経営していくのに不安しかなかったし、休業中は国や県からの協力金はあったものの、毎月の固定費、人件費もかかるなかで、これから営業再開するときになるべく経費を抑えられないか考えていて、仕入れを少しでも安くしたいのは誰もが思うこと。

小規模の店ではディスカウントするだけでは大手に敵うはずもなく、いい方法はないかと考えている時に、今世間でよくあるサブスク（サブスクリプション）に乗っかって飲食店の卸をメインにすれば、小売の1本の利益で薄利多売するより、月額会員費だけで利益は出るし、新規顧客獲得もできると思いつきました。他の酒屋さんにはないシステムでしたが、近年ウイスキーやシャンパンの在庫確保も難しく、値段も高騰していて正直厳しいのが現状。でも時代の流れと共に変化させ、生き残っていかなければなりません。

日本には世界に誇れるお酒がたくさんあります。ご縁あって多くの酒蔵さんに足を運びました。新しいお酒が世に出るまで長い年月がかかります。そこには作り手のパッションがあり、同じ原料を使って作っても決して同じものはできないのです。その作り手から消費者の仲介にいる私たちは、一つでも多い知識と情報を伝えられるかも使命だと認識しています。

私は記憶するときには資料を見て覚えられる賢いタイプではないので、身体を使って実際行って、目で見て、体験しないと記憶に残らないです。だから歴史上の人物を覚えるのは苦手ですが、1年前に一度だけお会いした人との会話は記憶に残っています。資料1枚で済むことをお金も時間も労力使って、要領が悪いと思われることもあるかもしれません。でも、そこでまた新しい出会いがあるし、いろんな経験ができることを私は選択しています。その経験こそが自分の生きた道となっていくと思うのです。

そして今、また新たな事業に挑戦しています。芋焼酎の原料やお菓子の原料となる甘藷を栽培し、生産産地を九州全域に拡大、契約農家と共に事業拡大を目指していきます。

理想と現実の溝を埋めていく努力こそが自分を輝かせ、仕事を面白くさせることだと思っています。人と人との繋がりには価値があり、変化の大きい社会において心をより豊かにしてくれる気がします。人生において良いことも困難なことも、意味のないことなんてないはずです。特に困難な中にいるときは意味があるなんて考えられないけど、長い人生の中で思い出となるときが来るはずです。

私はなるべく夜は考え事をしません。今まで前向きに考えられることは少なかったから。だから朝起きてから朝日をバルコニーで1回吸い込んでラジオ体操しています。体も健康だと、心も健康になります。心が豊かだと表情や言葉に影響し、人としての価値を高めると思います。

## 私らしく生きていく道

私は、自分の行く場所は自分で決めます。そして自分の足で歩く。誘われてどこかに行くような女ではなくなったけれど、良くも悪くもそれが私です。

会社を立ち上げてから半年くらい経った頃、夜眠れなくなることが増えました。4ヵ月ほど微熱が続き、病院に行っても原因はわかりませんでした。忙しかったのもありますが、メンタルが弱っていたのも確かで、勝手に見えない焦りや不安と葛藤していたのかもしれません。

学生時代ソフトボールをしていたのですが、高校3年の高校総体でインターハイをかけた決勝戦の1週間前から、夜になると謎の高熱がでて朝になると下がるという現象を繰り返していたことを思い出しました。

親が心配して病院で診てもらったけれど、風邪とか疲れていると言われ、安静にしていてくださいとお医者さんに言われました。部活を休んでいる暇はないし、監督に怒られるかもしれないというビビリがよけい悪化させましたね。

結果、ただの知恵熱でした。今考えるとたぶん根本的に同じ悩みで、部活でも毎日積み重ねてきた事以上のことは本番で発揮できるわけがないし、仕事も急に売上が上がるわけでもありません。そして、まだ現実に起こってもいないことを勝手に想像して不安になり、よくない負のループに突入していってしまう。私だけではなく、誰だって経験したことがあると思います。

その不安を取り除くには、行動するしかないと思います。心を変えるには行動を変え、行動が習慣になり、習慣が人格を変え、運命を変える。という言葉があります。

プロのスポーツ選手だって、毎日納得するまで練習しても、本番で発揮できないこともあります。だからまた練習して、積み重ねていくことで自信に繋がっているし、テレビで見ていると、人知れない努力の上に成り立っているのだろうなと感動します。

これからスポーツ選手になるのは難しいですが、今この時からの習慣なら私にだって変えられます。まずは朝5分早く起きること。最近は顔を洗う前にラジオ体操をしているけれど、時間のない時はついサボります。5分早くアラームをかけて起きれば、毎日の習慣に変わるはず……。

考え方は人それぞれで、悩みも人それぞれ。人に理解を求めることが自分の決断や行動に力をくれることもあるけれど、そうではなく、自分の言葉や思いが影に隠れてしまうこともあると思います。迷いがあるときは無理に前に進むことはしていません。

何度ももうやめてしまおうと思ったけれど、いつも誰かが励ましてくれました。ここで辞めることは簡単だよって、ふと言われたとき、自分を取り戻せました。

うまくいかない時は、もう一度。失敗してももう一度。そうやって少しずつ前に進んでいます。亥年生まれの突進型なので、つい突っ走って後で後悔することもあるけれど、その性格も私の行動力の原点となっている気がします。

私は幼い頃から勉強が苦手でした。算数も数学も全然できなかったけれど、今は便利な世の中なので、携帯電話の検索先生に頼めば無敵です（笑）。

だからこそ、私がここで伝えたかったことは、検索すれば、知識や能力は大差がないけれど、人間力は磨かれません。自分の足で行動して、見る景色や出会う人、経験こそが自分の自信となり活力となっています。

私の人生は私のものだけど、私だけのものではないと思っています。一人では決して生きていけないのですから。読んでいただいた方の中には、違う方向に見える方ももちろんいると思います。だけどそれは顔や性格が違うのと一緒で、当たり前のことです。自分の物指で世の中をみるととても息苦しいですが、少しだけ見る方向を変えて向き合ってみると違う世界が見えるはずです。

人と比べると視野が狭くなり、心は豊かになりません。それを教えてくれるのは一番傍で見ていてくれる人たちです。私は、今まで出会って私に関わってくれた人に本当に感謝しています。

これからもやりたいことがたくさんあります。周りで支えてくれる家族や友人やスタッフ、そしてこれから出会う人の心の支えになるような人になりたいです。

知識は過去のこと。行動は今これからのこと。私の今からの行動が誰かのためになって、そしてそれがまた誰かと続いていくように。今日も頑張ります。

この本を通して私がどんなことを伝えられたのかわかりませんが、最後まで読んでいただきありがとうございました。この出会いに感謝します。

あなたへの
メッセージ

自分の足で行動して、
見る景色や出会う人、
経験こそが自分の自信となり
活力になる！

富田祥恵さんへの
お問合わせはコチラ

# 生活保護・借金生活になっても、力強く希望を持ち続けた私が出会いをきっかけに起業して高齢出産から週末ホテル生活をできるまでになった生き方

丸新株式会社 代表取締役

## 中田見雪

1973年生まれ。20代で飲食店を経営し、有限会社ARSeeを設立。離婚をきっかけに飲食店を閉店し、法人を休眠させる。休眠中は子育てをメインに、子供用品店のショップ店員となり、ＷＥＢショップの立ち上げやイベント企画を任される。2009年にコスメ通販会社にて、ＥＣ運営スタッフとしてBlog、メルマガ執筆をメインに勤務。2010年、休眠中の法人を丸新株式会社へ社名変更し、建築内装工事業を設立。建築・リフォーム工事業を数年経て、現在は店舗専門内装工事業を手掛けている。3姉妹の母、週末ホテル暮らし実践中。

## 1日の
## スケジュール

05:30　起床　ベッドの中でスマホから情報収集

06:00　お弁当づくりや家事

07:00　ちびっこが起床　御飯や身支度、遊びにつきあったり

08:00　大学生の起床

09:00　大学生とちびっこを送り、それぞれ登校、登園

10:00　仕事開始（週の半分以上は都内か横浜へ）

16:30　ちびっこのお迎え（お稽古のない日）散歩や買い物など

18:00　家事夕飯づくり

19:00　夕食開始　ちびっこのお風呂

21:00　ちびっこ寝かしつけ

22:00　オンライン打ち合わせ
家事やバスタイム、仕事をすることも

25:00　就寝

## 自分の力を発揮できるところが自分の居場所

有難いことに、全国から選ばれし18名の女性起業家として執筆させていただけることになりました。しかし、私は大した起業家ではありません。無計画極まりない人生なうえ、コツコツと夢にむかって事業資金を貯めたような努力もありません。日本と世界で、ご活躍されている起業家の方と肩を並べるつもりは毛頭なく、自分で自分を起業家と名乗るのも気恥ずかしいほどです。

そんな私ですが、極小会社を設立してから、休眠期間を含めて今期20期をむかえております。大した社会貢献はできていませんが、我が社の仕事を頼りにしてくださる方々がいることは、生きているうえで大きな自信と誇り、力になっています。有難うございます。

私を支え見守ってくださる家族、友人をはじめ、ご縁あるすべての方に心から感謝をこめて、紆余曲折だらけの私の軌跡を少し書かせていただきます。

1990年初めの第3次サーフィンブームが到来していた頃、20代の私は、サーフブランドを海外から輸入し、日本全国に卸す会社を、最初の就職先として選びました。

営業職を任された私は、好きな商材を扱い、海外を行き来して、日本中を走り回る仕事に誇りを持ち、夢中で仕事に励んでいました。それまで家や学校に居心地の悪さを感じていたので、自分の力を発揮できる場こそ、自分の居場所と感じられたのです。

ところが、昼夜問わず走り続けていた結果、体力の限界に達してしまい、自爆交通事故を起こしてしまったのです。

両親が購入した新車は、ぺたんこの廃車に……。大きな事故にも関わらず私は幸いにも無傷でしたが、その分、メンタル面は重症で、仕事に対してのモチベーションを維持できず、事故をきっかけに好きだった職場を離れました。

その時、心身ともに弱っていた私を献身的に支えてくれたのが、元夫でした。元夫は、当時バーを経営していたので、親睦が深まると同時に経営相談を受けるようになり、次第に交際もはじまりました。

私は、最初にマーケティングで流れをつくってから、メニュー改定や改装を中心としたブランディングに取り掛かり、イベントや広報のｐＲをして集客を広げていきました。やった分、すぐに結果が数字と結びつき、知る人ぞ知る小さな個人店が地元では有名なレストラン＆バーへ急成長したことは周知の事実です。

自分自身の力を再度発揮できた私は、また居場所を見つけることができ、水を得た魚のように、寝ても覚めても店の業績を伸ばすことを考える毎日が続いていました。

そんな矢先、私の元に生命が届きました。こんな私が母になるなんて、想像は愚か、心の準備も整っていなかったにも関わらず、五体満足で産まれてきてくれた愛おしい我が子との対面は経験したことのない衝撃的な出会いで、それまでの価値観に革命が起きました。

当時、世の中は居酒屋ブームであり、次々と大手チェーン店が軒並み朝の6時まで開店していても、朝まで繁盛していた時代です。当然、個人飲食店も朝の6時まで開店することが当たり前の風潮がありました。しかし、朝の6時まで開店しているとなると、現場に勤める人間は、店閉め、片付け、仕込みの準備などを済ませると、帰宅が朝の8時半過ぎとなり、仕事終わりに飲んで帰ったら、昼帰りにもなりました。

赤ちゃんを抱えて、パートナーが昼帰りの生活に不安を感じない母はいないと思います。何度も対話を重ねて、昼間に収益をあげる飲食店へシフトするよう懇願しましたが、夜の世界で永年働いてきた相手との話し合いは、衝突ばかりの平行線で難航しました。

悩み祈る日々に、新たなる生命が私に宿り、私を後押しすべくよう私に力が増しました。2児の母となった私は、何が何でも昼型の仕事に変えたいとの思いで出資者を探し、出資金を得て、思いきった全面改装に踏み切り、その際に個人経営から法人を設立しました。

スタッフも一掃させ、プロを揃えて、華々しい新スタートを飾れるかと思いきや、気持ち半ばで、不納得だという主張ばかりで、不貞腐れている人が1人居ました。

小さな組織とはいえ、トップ経営陣が揉めていれば現場はうまくいきません。コンセプトが次第に歪み、客離れにも繋がり、売上も減少して、運営資金も底をつきました。

長女を幼稚園に入園させたものの、育児と仕事の両立の時間的限界を感じ、娘達を保育園へ預ける苦渋の決断を下さざるを得ない状況となりました。市の児童課の窓口に相談へ行き、家が無いこと、娘達の父親が、まともに働かず収入が無いこと、運営資金が底をつき、借金が膨らんでいる事実を伝え、私が本腰いれて働く必要があると話しました。

すると、市の担当者から、想像もしていなかったご提案が返ってきたのです。

「お子様達を守るためにも離婚して、生活保護を受給し、生活を立て直しましょう」と。

無機質な市役所の窓口、蛍光灯の冷たい光のなか、担当者の方が私達を想ってくれる気持ちが温かく伝わり、一瞬で張り詰めていたものが途切れて涙が溢れました。

娘達に父親のいない生活をさせるわけにはいかないと、自問自答を繰り返し、他に策はないか?と、ずっと離婚に踏み切れずいましたが、やっと一筋の光が見え、救われる思いがしました。そして、頭を下げて生活保護受給の申請手続きをしたのです。

今の私が生活保護を受給していた過去があると告白すると、大抵の人が驚くのですが、そのリアクションは今の私が過去と結びつかないという讃辞と受け取れ嬉しくもあります。

## 0になっても希望を抱きつづける不屈の精神

生活保護を受けるということは、人様の税金に御世話になって生活が成り立っていることであり、階級的にも生活自体も底辺でしたが、私は、毎日、幸福を噛みしめていました。私が離婚した当時は、離婚した者は忍耐力が足らないと世間から後ろ指を指されるような時代で、シングルマザーは、片隅で小さくなっていなければならない社会でした。

しかし、母親が心の底から幸福そうに生きていると娘達にも伝わるのか、電気傘もついていないキャンドルとランプだけの小さな家でも、家族3人、毎日笑顔で四季を感じながら、幸福を実感して過ごすことができました。

離婚するまでの生活は、1番側にいる相手と心が通い合えず、まるで魔界の暗闇に迷い込んでしまったかのような日々で、心穏やかに過ごせる日は殆どありませんでした。

そんな状況だったので、離婚した途端に世界がカラーを帯びて色鮮やかに見えはじめ、心の底から自由を感じ、宝物の娘たちが居てくれるだけで、力強く希望を抱けました。

0になったら、また1歩ずつ進んでいけば良い。失ったものや失ったことに対して過去に悲観はせず、すべては自分が招いた結果であり、すべて自分にとって必要な経験だったと捉えて、どんなに追い込まれていても前向きに生きることができていれば、明るい未来があると確信していました。すべては、今日が原点、今日が出発、全てこれからなのです。

■見切り発車でも積んだ経験が財となる

生活保護受給中のシングルマザーなうえ、多額の借金を抱えている私を、当時20歳だった青年が受けとめてくれました。現夫である彼は、私と出会った時点で父親になる覚悟を決めたと後に語っていましたが、0どころか借金というマイナスを背負っていた私と一緒に、ひとつずつ問題を解決する方法を考えて、共に乗り越えてくれました。

若い彼は、プロのミュージシャンになることを夢見ていたのですが、娘達との関係が深まるにつれて、自分の夢を叶える事よりも、子供達の将来の方が重要で、教育が大事と判断し、所属していたロックバンドを潔く辞めて、建築現場の日雇いの仕事を始めました。

生来の真面目さを持ち合わせている彼は、若い人材だったということもあり、先輩方から建築の仕事の手ほどきを受け、あっという間に独立できるようになりました。最初は個人事業主として受注を受けていましたが、徐々に請負金額も増えていき、許認可証や労務保険などの加入が迫られるようになったことを機に、私が飲食店を経営していた時に登記して、休眠させていた法人の変更手続きを済ませ、新なる会社として蘇らせました。

テレビ番組の匠の仕事、デザイナーズ新築、ハウスメーカー新築、住宅リフォーム、ゼネコンの下請、大手チェーン店の店舗工事と様々な経験を積み、現在は、テナント専門内装工事の仕事に的を絞って事業を営んでおります。

私も主人も、建築の仕事に就くとは1ミリも思っていなかったので、すべて体当たりで経験しながら学び、一つずつ体得しました。技術やスキル、知識等が乏しい分、誠実に取り組むことだけを心掛けていたら、それが評価となり、次の仕事に繋がっていきました。また、解らないことは解る人に素直に聴いて、プロの方に助けてもらったことが、最速で事業を形にできた秘訣でもあります。

生活保護を受けていた私でしたが、数年後には生活保護受給を自主辞退でき、めでたく再婚もできました。そして、入籍の際に主人は、娘達が乳幼児期に、私の離婚を機に苗字が変わっていることを危惧して、私の苗字になることを決めてくれました。

ところが、日本社会では男性が女性の籍に入るということは一般的でないため、金融機関などに行くと、必ず自己破産歴がないかを調査されます。せっかくの美談も台無しなうえ、真実を語っても、主人の娘達への愛情を理解されないことも多く、残念で仕方ありません。しかし、世間からどう見られるか？よりも、私の再婚をきっかけに、娘達が様々な悪影響を受けないように配慮することの方が、私たちにとっては大切でした。

## 自分の理想通りに生きる秘訣

今の私は、生活保護を受給していた当時の私が抱いていた理想の生活ができていると思います。至って普通の庶民的な生活を送っていますが、誰と比べるわけでなく、あの時の自分よりも成長できていて、私自身が憧れ描いていた理想の暮らしができていることが誇らしいことだと感じています。

貧困時代に、100個の欲しい物を手帳に書くことを心掛けていました。コップ、お皿、炊飯器等の実用品から、家、車、ブランド品など高額な物、年に1度の海外旅行や、毎晩シャンパンを飲むなどの理想、体力、知識、謙虚さなどと欲しいスキルなども書き綴り、満月の夜に願いをしたためた紙をお財布に入れて、月に向かってお財布を振ると願いが成就すると聞けば、飛びついて実践するほどでした。

振り返ってみると、当時、欲しかった物や願いは、ほぼ得られ叶っています。漠然と夢を膨らませるよりも、書く行為によって夢や欲しい物が具体化されると同時に、手に入れる方法についてどれくらいの資金が必要か？　そのためにどんな仕事をすれば良いか？　そのスキルを得るためにどんな行動をしたら良いか？　などと考えることが夢を叶える第一歩に繋がるのだと思います。要は神頼み、他力本願ではなく、欲しい物を得るのも、夢を叶えるのも自分だという覚悟が必要で、自分を喜ばせるためには何を実践するべきか？と、知恵を巡らせる執着心も大事だと思います。

何事も思いがすべてを引き寄せるし、思考は具現化すると確信して、今も買えもしないような大豪邸の間取り図を見たりしながら、これを買うためには、どれだけの収入が必要か？　収入を得るためにどんな仕事をするべきか？　今の世の中、どんな仕事がうまくいくか？などとアンテナを張りながら日々、考えて過ごしています（笑）。

## ■週末ホテル生活で変化に対応できる力を養う

紆余曲折で反省とやり直しだらけの私の人生ですが、下の娘が高校生になり、ようやく子育てのゴールが見えてきた頃、なんと45歳で自然妊娠してしまいました。

それまで、私の人生の立て直しのために一心不乱に働いてくれた主人に恩返しする気持ちで、私は高齢出産に臨み、無事、待望の赤ちゃんをお迎えできましたが、我が子が1歳の誕生日をむかえる前に、コロナパンデミックが世界を襲いました。

自粛と制限だらけで世界中の常識が覆るなか、小さな子が安全に密にならず、伸び伸びと過ごせる環境を探し求めたところ、元々のホテル好きが嵩じホテルに辿りつきました。

コロナにより、様々なことが変化する社会を目の当たりにして、今、我が子が身に付けるべきことは、変化に対応できる力とも思え、定期的に環境を変えて週末にホテルで過ごす生活から、自由な生き方と柔軟性を身に付けて欲しいとの思いもありました。

それと、久しぶりに出産してみたところ、日本での出産育児は女性の負担が大きいことを、改めて日々、実感しています。私のような会社役員は、産前産後合わせても98日分しか出産手当金が保障されていないため、女性役員は出産後に大して休めないまま仕事復帰しなければなりません。個人事業主や男性の育休の社会保障も少なく、共働きでありながら、女性に育児の負担が大きく偏っているのが現状です。なので、身体を休ませて、私の仕事を効率化し、生産性を高めるうえでも、週末にホテルのサービスに頼って過ごす生活が必要でした。それに、私自身が高齢出産であるということは、両親や兄弟、友達も歳をとっているということでもあり、何となく甘えることも憚られるので、ホテルで過ごして、気持ちを整え、ストレスも緩和させ、有効的な時間を生みだしています。

毎週末、ホテルで過ごしているなんて言うと、お金持ちのように誤解されるのですが、ちょっとしたスキルを身に付ければ、さほどお金を使わずにホテルで過ごす生活を叶えることができます。これも、私自身が夢を具体的に掲げて、執着して智恵を巡らせたからこそ形になった理想の生活の一つです。

## これからの女性の生き方

一昔前は、アッシー、メッシー、玉の輿、三高、寿退社という言葉が飛び交うほど、女性は御縁した男性次第で幸せになるという風潮がありました。結婚に失敗して生活保護まで受けていた私は、哀れみの目で見られ、人生が終わった負け組として差別を受けたこともある程、結婚＝女性の幸福と世間が認知していたのです。

21世紀を迎えても、ネオヒルズ族、セレブ妻、イクダン、リア充、などと、女性の幸せを男性に委ねているような社会現象は未だに残っています。

しかし、結婚して男性の収入に頼る生活が必ずしも女性を幸福にするとは限りません。嫁の自覚を持て、うちの家柄に合わせてくれ、なるべく家に居るように、などと制約や縛りも多く、やや窮屈で不自由だったりもします。そして、時には浮気を受けとめざるを得ない状況や、お家騒動に巻き込まれたり、仕事や事業の失敗に振り回される場面などと、結婚生活は、必ずしも順風満帆な人生を保証されている訳ではありません。

専業主婦の仕事を時給換算すると最低限の仕事内容でも年収300万円にも値し、良妻賢母は年収1000万円以上にも換算できるとのデータがありますが、頑張った分の報酬額に見合う生活を確実に保証されていないのが、結婚生活であるとも言えます。

私自身のキャリア形成は内助の功が原点となっていて、女性が第一線で活躍してキャリア実績を積むことより、旦那さんや彼氏の出世と成功のために、女性は陰で支える立場でいることの方が美徳とされている社会の風潮に合わせていた節もありました。

それに、バリバリ働いている女性よりも、家業中心、お仕事は程々の方が、日本独自の女性中心の子育ての現場では、友好活動が円滑に進む現実もあるため、シングルマザーを経て再婚した私は、子供たちに後ろめたさもあって、キャリ道を歩むことを諦めました。

女性が第一線には出ず、男性に主導権を持たせるというスタイルは、日本特有の男尊女卑文化が産んだものであり、その結果、日本が少子化に繋がっていることは明らかです。

多くの女性が、結婚、出産、子育て中心の生活だけで、幸福感を得られていたのであれば、少子化にはなっていなかったでしょう。先輩女性方々の背中を見て育った現代の女性にとって、自分のたった1度の人生を男性に委ねてしまうことは、メリットや魅力が少ないと判断し、結婚や出産に慎重にならざるを得ないのは仕方ないことです。

ですが、現代の実情を充分に理解しても、母になった私としては、身体的問題がなければ、女性には積極的に、結婚、出産にチャレンジして欲しいと願います。大変なことも多いけれど、我が子と出会うことは、宇宙の神秘であり、決して簡単なことではありません。

困難なことに挑戦して、奇跡を乗りこえ、我が子と出会うからこそ、出産育児子育ての経験が、自分自身の人間力を成長させてくれることを実感しています。

また、我が子を人材育成することは、社会形成の礫となる、大きな仕事とも言えます。我が子から受ける愛は大きくて尊く、子供が繋げてくれる縁が、自分の殻を自然と打ち破るきっかけにもなり、親になることで、更に無限の可能性が広がるのです。

世界を見渡すと、先進国を中心に、仕事をしていない女性の方が少なく、国や大きな組織の代表が女性であったり、キャリアと育児の両立をしている女性も珍しくありません。女性の働き方や生き方は、時代と共に多様化し、女性の幸福の定義も進化しているのです。

幸福とは、人に導いてもらうものではありません。自分で自分の人生に責任をもち、自分の力を発揮させて、自分に与えられた使命を果たしていく生き方こそ幸福なのです。

自分で考え、自分の言葉で発信でき、自分自身で選択して、自分で決断できる事が、現代女性の幸福の要件になるとも感じています。情報過多な時代なだけに、正しい情報の取捨選択をするスキルも極めて重要だと思います。それには、学ぶこと、心こそが大切です。

心の眼を磨くには、他者との関わり合いが必要です。人と友好関係を築くことで心の眼が閃き、輝きを増して、良い情報や出逢いを引き寄せて、人生の華が拓いていくのです。

女性が笑顔で輝く社会は、平和をもたらすと確信して、多くの女性の幸福を願います。

あなたへの
メッセージ

幸福とは、自分で自分の人生に責任をもち、
自分の力を発揮させて、
自分に与えられた使命を果たしていくこと。

中田見雪さんへの
お問合わせはコチラ

# 命を失いかけた経験から考え方が変化し、好きな仕事だけをやる人生に変えた生き方&働き方

株式会社アイル 代表取締役

## 中村あい

1980年、東京都生まれ。第二子を出産後、26歳でネイル主体のサロンに勤務、29歳でネイル、アイラッシュ、アートメイクの美容サロンを開業。同時にシングルマザーになる。2年後、韓国にて開発したまつ毛エクステの技術特許を取得。その後、韓国や中国を拠点にまつエクセミナーを開催。叶えたい目標に向け、整体、刺青技術、美容師、宅建、キャリアコンサルタントなどの資格及び技術を取得。また、2022年からボディメイクに注目し、20キロのダイエットに半年で2回も成功。その経験を元にダイエットのメソッドを考案中。

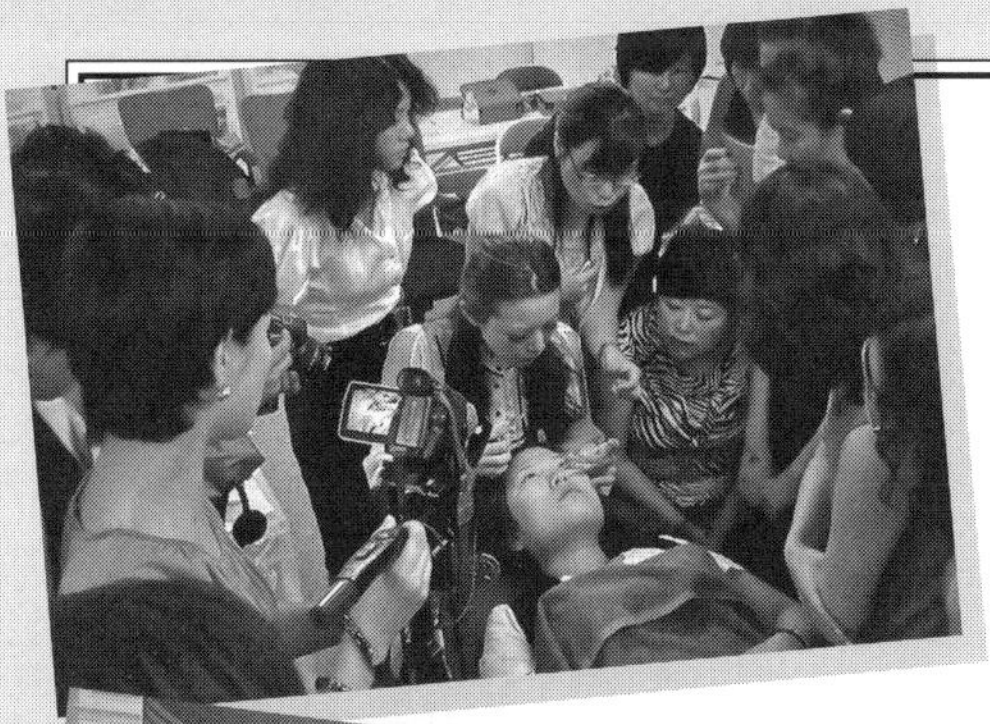

## 1日の
## スケジュール

07:00　起床

07:30　朝食、身支度

09:30　ネイル＆アイラッシュ仕事開始

18:30　仕事終了

19:00　筋力トレーニング

22:00　夕飯

23:00　仕事（メールチェック・ＳＮＳ関係）

25:00　ストレッチ・就寝

# 命の危機に晒されて変わった考え方

私は、強姦殺人未遂の被害者です。22歳の夏の出来事——。

20年経った今でも、昨日の事のように、リアルに覚えています。

私の身に何が起きたのか、全く分かりませんでした。深夜、就寝中、突然私は息苦しさを覚え、まぶたを開くと、軍手をした汗ばんだ侵入者の手で視界をふさがれ。首には冷っとした金属の感触。刃物であることがわかった。恐怖で身体が動かない。声も出ない。手足から体温が失われていく。私の頭の中には、傍らに眠る1歳の長男のこと。息子の命が守られるなら、自分はどんな目に遭ってもかまわない。はっきりと思った。私はされるがままになると決めました。

やがて事が終り、侵入者は去りました。私は長男を抱え、もう片方の手で包丁を握り、庭に飛び出す。しかし、すでに侵入者の気配はない。警察と両親が駆け付けるまで、庭の隅にうずくまっていました。今思い出すだけでも、嘔吐しそうになるような忌まわしい出来事。しかし、子供と私の命は奪われずにすみました。

命を失いかけた体験により、私は変わりました。生きるためならどんなことでもやれる。

心の傷、身体の傷と引き換えに、私は強い気持ちを手に入れました。

事件の事で、遠い親戚から心無い言葉をかけられ、傷ついたこともありました。

そして、夫婦の間には溝が生まれました。夫は、どこかよそよそしくなり、どこか他人同士のような関係に。2年後に次男が生まれても夫婦仲は改善されませんでしたが、当時、夫は高収入で、経済的には不自由のない生活をさせてもらっていました。その環境を失うのが怖く、子供のためにも離婚は避けたいと思っていました。

しかし、夫が転職し、収入がそれまでの半分以下に下がってしまったのです。生活水準を下げたくない夫は、私に働くことを求めました。

「あい、頼む、夜の店で働いてくれ」夫の言葉に、私は耳を疑いました。子供はまだ幼く、母親としてそばにいて育てたい。ところが、私の希望は聞き入れられず、週3日3時間、横浜の関内にあるクラブで働くことになりました。

私は接客にむいていたようで、すぐに固定のお客さんが何人もつき、収入は増えていきました。妻を水商売で稼がせたい夫と、自分の手で子供を育てたい私。二人の溝は深まる一方でした。

私は、一杯でも気持ち悪くなるくらいお酒に弱く、ある時、お酒に酔いすぎてしまいました。意識も朦朧で嘔吐し過ぎた夜、初めて夫が迎えにきてくれました。「お家にいたい」

夫の前で、うずくまって泣く私。しかし、翌日、夫は何事もなかったように、私を仕事へ送り出しました。

「あい、出勤を増やしてくれないか」

夫の収入はさらに減り、私の週3日の出勤は、5日に増えました。

「関内でこんなに稼げるなら、銀座で働いたらどうだ⁈」

そう夫に言われた頃から、私は離婚を意識するようになりました。離婚したら、私に何ができるだろう――。その時に思いついたのが、美容関係の仕事でした。どうせゼロからなにかを始めるなら、好きなことを仕事にしたい。

幼い頃から、私は美容に興味がありました。母親の化粧品をこっそり試すことも多く、高校生になってからは、上手だからとお友達に眉毛を描いてとよく頼まれました。短期のメイクスクールに通い、専門学校でメイクとネイルコースを専攻していました。

その好奇心と経験をビジネスにできないだろうか。次男の出産の時に付けた、まつ毛エクステに感動したのも思い出し、その後まつ毛エクステ技術を学び、同時にアートメイクの学校にも1年通いました。水商売をしながら、昼間、知人の自宅サロンでたまに働きながら、まつ毛エクステ、アートメイク技術を磨きました。

自分の好きな仕事だけをやりたい――。思いは強くなっていきました。

## 人に与える印象は自分でつくれる

26歳のころ、自宅サロンをしていたオーナーが店舗を構えることになり、アートメイクやまつエク担当として働かせてもらえることになりました。これを期に水商売を辞め、別居をしました。もはや夫と同じ家で暮らすことはできませんでした。夫から養育費は一切もらえず、夫は子供たちへの興味を失ったのか、会おうともしてくれず、離婚するまでの3年弱、音信不通にされました。

別居後の住まいや生活はそれまでとは一変しました。エレベーターもない、部屋も狭く、玄関のドアを開けたら雨に晒され不便。質素な集合住宅の3階でした。

「ママ、テレビまで小さいね……」引っ越してすぐ、小学1年生の長男に、しょんぼりした顔で言われました。子供のためにテレビを液晶に買い替える。これが当初の目的、働くモチベーションでした。お金をコツコツ貯めて、液晶テレビを買ったときの喜びは今でも忘れられません。テレビを買ったときの子供たちの笑顔は、私に働く喜びと充実感を教えてくれました。自分の努力で身につけた技術、その技術で手に入れたお金は、夫のお金でブランド品を買った時より、はるかに大きな喜びを私にもたらしてくれました。

しかし、悩みは尽きませんでした。およそ2年働いていた美容サロンへの不満が蓄積していったのです。当時私にできた技術は、アートメイク、まつエク、ネイル。そのうちネイルに関しては経験がないため、練習と実践を同時に行い、それでも売上には貢献していました。ところがオーナーは、私よりも技術的に未熟な見習いネイリストに多く給与を与えていたのです。お店からいただくお金だけでは私の生活は成り立ちません。それでもオーナーはなにかと私を頼ってくる。リターンはない。オーナーの都合で使われている感が否めませんでした。そんな中、母からの思いもよらぬ申し出がありました。

「あい、自分で店をやってみたら？」

学習塾に賃貸していた実家の1階のスペースが、もうすぐ空くという話でした。

「あなたが本気で開業するならば、３００万円は貸せるわよ。今なら、子供たちの世話も助けてあげられる」母の言葉に、私は希望の光を見ることができました。準備をかねて、半年を目途にオープンすると母と決めました。

ある時、勤めていたオーナーと話し合いの折り合いがつかず。働く我慢の限界を迎え、母との話し合いから1ヵ月も経たないうちに、急遽お店を辞めることになりました。開店準備など何も整っていませんでしたが、辞めた以上は今いる顧客を逃したくない。10日ほどで開業しました。1ヵ月間は塾と美容の半々スペースで、少しの商材とエステベット、ネイルテーブルのみ。開業に不安で躊躇っていたものの、勢い余って一歩を踏み出したら、後は形にするために、なんとかしなきゃ精神に変わりました。

お店自体は、近所の人しか通らない閑静な住宅街の中。看板はまだ塾のまま。ホームページもない。広告も出せていない。顧客は10名もいない。現状を考えたら、来月の生活費を稼げるか、この先の未来が不安でした。貯金もない中、お金をかけずに新規集客をどうするか考えました。

簡単な方法は薄利多売。紹介のメリットを設け、来店したお客様から芋づる式にお客様を引っ張る戦略。それから予約の取り方を工夫して、まだ壁には塾で使っていたホワイトボードがあったので、そこに予約名を書き、予約がすごく入っていることをわざとお客様に見せるようにしました。お客様の予約は5分被りにして、常にお客様には、お客様の存在を見せる予約の取り方をしました。「人の集まる所に、人は引き寄せられる」その心理の通りになると、自分を信じ賭けてみることにしました。

私のお金をかけない集客戦略はヒットしました。初月、単価2千円程度のネイルメニューのみでしたが、80名ほどの来店で17万を達成。技術はまつエク、アートメイクもあります。お客様には、すべての技術が得意だとアピールをし、その方の目元のデザインや眉毛などを、眉毛の形をこうしたら似合うと思う。まつエクは目尻長めが顔立ちに似合うと思うと、ネイル施術中にあとの2つの施術に繋げるためにカウンセリングしました。

開店当初、ネイリスト歴半年の初心者でしたが、お客様に不安を与えないために、態度はベテラン風に堂々と振る舞っていました。「ネイリスト10年くらいの貫禄だよ⁉ 信じられない」と笑われたこともあります。この経験から人に与える印象はすべて自分で作れると実感し、改めてネイル学校へ通い、自信をつけていきました。

働くうえでの接客の方針は、お客様の気持ちに寄り添うこと、施術に満足してもらえるように作品にこだわること、笑い合える空間作りをすることでした。勤めていたお店を突然辞めましたが、技術的に未熟だった私をわざわざ検索し、追いかけてきてくれたお客様もいて、不立地でもお店は成り立つこと、接客の姿勢の正解も、常にお客様からもらえてきたと思います。

就労は、早ければ朝8時から夜中2時まで。それは売上を取りこぼしたくいという思いが強く、休み時間も取らず働き詰めになることが多々ありました。ある時、夜中に突然の腹痛で目が覚め、救急車で運ばれ、入院を勧められましたが、翌日は鎮痛剤を1時間おきに飲みながらお腹を抱え、働きました。この頃から生理がこなくなりましたが、体の労りよりも、とにかく顧客を増やし、売上を安定させたかった。そのモチベーションだけが私を奮い立たせていました。

## 仕事と家庭の両立、葛藤

10年以上前、まつ毛エクステの市場では、両目で200本位が限界本数でした。まつエク技術を覚えてから、何ヵ月もかけて私が開発したまつエク技術があります。

1つ目の特徴は、1500本以上も接着可能。2つ目は、つけまつ毛そっくりのデザインが作れること。この2つが業界初で私の売りでした。開業して3ヵ月目の初広告で、このまつ毛エクステを売り出したらヒットし、1ヵ月先まで予約が埋まるお店になりました。

知人の伝を使い、技術特許を申請。韓国で特許を取得しました。韓国のアートメイクに特化した美容協会があり、知人に理事を紹介してもらい、日本人が作った技術ならブランド価値があるとのことで、韓国や中国をメインにまつエクセミナーを開催させていただきました。私は外国語を話せませんが、笑顔とジェスチャー、スマホの翻訳機能を駆使し、積極的にコミュニケーションを取っていくことで、言葉が通じなくても親しくなることができました。数年後、セミナー活動の実績を認められ、その協会の幹部として迎え入れてもらえました。

アートメイクや刺青技術大会の審査員を年3、4回ほど行い、傍らでまつエク・ネイル商材開発アドバイスで海外出張、日本でもセミナー活動をして、キャリアをさらに積んでいきました。

「あい、子供がいるし、生活できるのにこんなに働かなくても。何をそんなに焦って仕事しているの？　あなたみたいに一つのことしかできない人は、嫁みたいな人を貰いなさい」と母によく注意されていました。

仕事が安定しない悩みは尽きませんでした。美容業界が不安定すぎて、対応に追われていたからです。まつエクは美容師免許がないと施術NG、広告も出せなくなりました。私は通信で美容師免許を取ると同時に、お店をネイル主体にするためにネイリストを雇い入れました。休みの日はネイル練習会と美容師学校、お客様をネイル主体にするため、お店の立ち上げをやり直しました。

子供が幼稚園、小学生の頃は、母親らしいことができずにいました。私の母がいるからと安心し、仕事に打ち込んでいました。母は、幼い子の面倒を見ながらの家事で心身の限界。次男は、わざと長男が祖母に怒られるように意地悪をし、捻くれたことがあります。

「ママが作るご飯が食べたい」

小学1年生の次男に言われた言葉。ママの愛情が不足しすぎていました。それ以降は、お風呂に一緒に入り、朝は6時くらいに起きて夕ご飯の準備。味にムラが出ても、自分の中での精一杯の両立をしました。

開業当初から数年間は、私が不安定すぎていて、仕事をして稼がなきゃと焦り、気持ちの余裕があまりにもなかったと思います。私にお金を貸してくれた母に、期待以上の成果を出して喜ばせたかった。ただ、家族と仕事のバランスが取れず、子供には寂しい思いをさせたと思います。それに私自身、どんなに仕事で成果を出してきても心から喜べず、むしろ子供との時間を犠牲にした気持ちが強かったです。世間に爪痕を残すくらいのことをしないと、子供への面目もたたない気持ちも強かった気がします。

「どんな成果を出しても、その苦労や努力の過程を一緒に寄り添ってくれ、喜びを分かち合える愛する者がいないと、振り返った時に独りは虚しい」

何年後かに、当時の子供達の笑っている写真をみて、独りで号泣したことがありますが、過ぎた時間は戻らない後悔と反省の涙でした。

今、子供たちは21歳、18歳になり、思いやりと責任感の強い男に育ちました。私自身は働くだけの環境を与えてもらい、家族をまとめてくれていたのは、すべては私の母の愛情の深さでした。私の母、それに姉家族には感謝しきれないです。

## 美容業界の実情と叶えたい未来

10年前からアジアでは、中国と韓国のアートメイク技術が日本よりも進んでいました。日本は法律の制限が厳しい。まつエク施術は美容師免許が必要で、刺青は医者か看護師免許がないと法律上施術ができません。刺青技術の中に、メディカルアート（医療アート）というのがあります。この技術は、乳癌で乳房を切除した方の乳首を刺青し、擬似を作ることができます。また、薄毛に対しても、アートメイク技術で軽くなら擬似毛カバーを作ることもできます。その技術者を医者以外で法律上認めてくれると、刺青業の安定化にも繋がると思います。

美容法はマスカラがない時代に作られた法律で、流動的に変わる美容文化にはマッチするわけがなく、美容法の改正をしてもらいたいと思っています。いろんな人の伝を使い、政治家に直談判しに何度も行ったことがあります。

「法律を変えるのは難しい。ただ、美容師免許を個々に分かれた免許にすることならできそう」これが答えで、そこから何も動いてはくれませんでした。自分の力で美容法の改正がどうにかできたら良いのに、この頃から思うようになりました。

子供との時間を台無しにしたくない思いもあり、これまでの経験から私には叶えたい目標が3つできました。

1つ目は、生死に直面した出来事から、殺処分される犬猫を保護し慈善事業をしたい。

2つ目は、手に職をつけ、自立ができた経験から、技術学校を設立したい。

3つ目は、美容業の実態から、美容法を改正できるようにしたい。

2010年の29歳で開業し、まつエクの技術特許を取り、海外でセミナー活動や刺青の大会審査員をし、自分のキャリアを積み上げ、テレビ等でも取り上げてもらい、その他の技術や国家資格勉強に集中してきました。

そして、コロナ禍で売上は落ち、不安であるはずが、強制的にお家時間ができたことで家事や子供の世話を少しずつできるようになり、自己肯定感が高まり自信に繋がりました。金銭的に困ることもありますが、「生きているならどうにかなるさ精神」で前向きにいられています。

2022年からは筋トレを始め、大会に出場しています。食事制限、筋トレ中心の生活を開始してみたら、すべての事が自分を大切にできる環境へと変化し、心の安定に繋がりました。タイトルを獲れば、いろんな方に認知され、努力する姿勢に信頼をもらえます。私がとる行動すべては、叶えたい目標に繋げたい。ただそれだけです。

22歳の時、強姦殺人未遂の被害者になり、今でも記憶が鮮明で忘れることはできません。

犯人のした事は絶対に許せませんが、私はこの経験から約20年の中で、いろんなことを学びました。すべては私の成長に必要な出来事だと、前向きに捉えることができました。

あの時、長男を無傷で守れたことは、親としてできた唯一の誇りだと思います。

人からどんなに不当な扱いを受けたとしても、時間をかけてでも、それらを乗り越えて、前向きになる努力をしてきました。

そんな私を、私は愛しています。


人生の選択に悩むことがあったら…根拠なくただ自分を信じ、後先考えず、自分の心が楽しめるなら突き進む。それで良いと思います。

未来はわからない。過去は変えられない。だから今を楽しく生きてください。

あなたへの
メッセージ

---

人生の選択に悩むことがあったら、
根拠なくただ自分を信じ、後先考えず、
自分の心が楽しめるなら
突き進んでみてください。

中村あいさんへの
お問合わせはコチラ

# ビジネスパートナーとの決裂から「見返してやる！」という底力でサロンとスクールを立ち上げた起業ストーリー

一般社団法人ＳＥＡＳメディカルリンパアカデミー® 代表理事

## 中山静子

1974年、茨城県生まれ。専門学校卒業後、大手エステサロン勤務を経て、エステの講師として活躍。台湾の施術者との出会いから、共同経営でスクールを立ち上げ、都内で3店舗まで展開。その後、方向性の違いから独立し、「デトックスエステＳＥＡＳ」「メディカルリンパ® アカデミー」を立ち上げた。今では全国に8校までＦＣでスクールを展開。薬に頼りすぎず生活の質をあげていこう！というご提案の元、「一家にひとりセラピスト」の理念で、全国に40店舗メディカルリンパアカデミー® を開校し、たくさんの未病の方を救うセラピストの育成を目標としている。

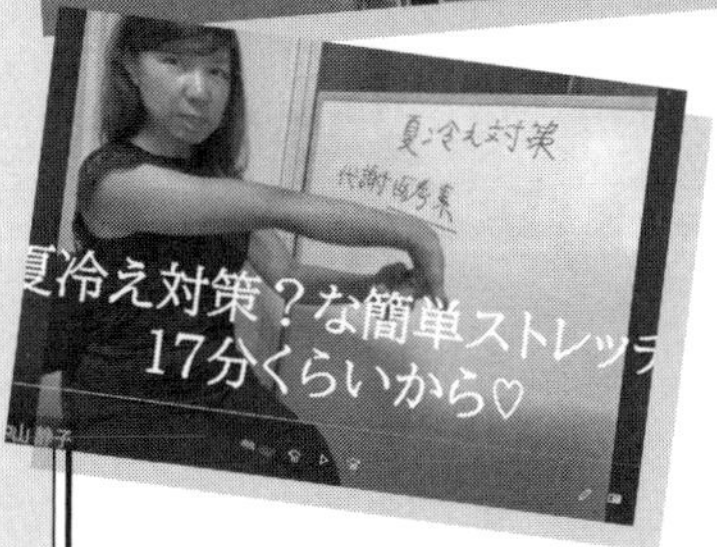


## 1日の
## スケジュール

07:00　起床

07:15　子供達をたたき起こす（笑）
子供達朝食、身支度手伝い

08:00　子供達送り出し後　仕事スタート（1日の予定確認、LINE メールチェック）

11:00　サロンに顔を出してスタッフと
軽く打ち合わせ

12:00　ランチミーティング

14:00　打ち合わせ三昧

18:00　仕事終了

18:30　帰宅、子供達と夕食

20:30　子供達と遊ぶ、子供と
一緒に翌日の準備

21:30　子供たち寝かしつけ（その
まま寝ちゃったり（笑））

22:00　自由時間（仕事や LINE メールチェックなど）

24:00　就寝

## コンプレックスは最大の武器

「こんな大きな手、大っ嫌い」身長も横幅も大型に育った私は、「肥満児」という認定を受け、中学高校と自分の体の大きさにコンプレックスを感じながら過ごしてきました。

でも、友達の髪の毛を結ってあげるのが好きで、「しーちゃんって器用だね。すごく上手！ありがとう」と言われるのが嬉しくて、「こんな大きすぎる手だけど喜んでもらえることがあるんだ！」と少しだけ、大嫌いだった自分の手に自信が持てるようになりました。

語学の専門学校に通っていた18歳のある日。テレビに流れてきた『絶対綺麗になってやるー！』というCMを見て、初めてエステという仕事があることを知りました。もしかしたら、人を綺麗にして自分も痩せたりできたりして。マッサージするなら手が大きい方がいいかもしれない……。語学学校につまらなさを感じていた私は、学費を支払ってくれた両親の猛反対を勝手に押し切り、これだ！とエステティシャンになることを決意。技術研修がしっかりあるというE社に就職を決め、19歳の春にデビューしました。「手が大きくて、力強くていいね」研修中から認められた私のコンプレックス。お客様に喜んでもらえるのが嬉しくて、あっという間に1年、2年と過ぎていきました。

　ところが、サロン終了が22時で、そこから夜中3時頃まで研修。そういえば残業代が出たことない！　終電を逃してお店にお泊まり。楽しいけど、なんか疲れてきたかも。お客様にいつもローンの話をするのもいい加減イヤだな……。会社に対する不平不満と、これからも続けていけるのかという漠然とした将来への不安がよぎるようになりました。

　その頃には指名が増え、役職にも就き、こんなに喜ばれている技術があるのだから、自分でサロンを出したらすごく稼げちゃったりして！　なんて軽いノリで、当時住んでいたマンションの1室（と言っても1L）で、隠れ家サロンを開くことにしました。

　当時25歳。雑誌のホットペッパーが出始めた時代。小さい広告でも出せばそれなりに集客ができていました。そんなある日、お客様から問い合わせのお電話がありました。

「実は私ニューハーフで。まだ完全にあそこはとっていないんですが、身も心も女性なんです。女性専用って書いていましたけど、私でもやってもらえますか？」と。きっと受けてくれるサロンは少ないだろうな。喜んでもらえたら嬉しいし、受けてあげよう。

　当日お見えになった方は、見た目はキレイなおねーさん。きっとあちこちで断られただろうから、リラックスしてもらえたらいいな。そんな気持ちで施術を始めました。

　うつ伏せが終わってあおむけをご案内する時、お手洗いに行きたいという彼女（？）にガウンをお渡しして一旦退出。トイレをご案内しようとお部屋を開けたところ、ガウンの全面ご開帳ぱかーん！　おパンツも履かず、いちもつどーん！

「君が優しく接してくれるから、僕の男の部分が感化されてよみがえってきたよ」

「……そうなんですね～！　それはよかったです。お手洗いどうぞ～！」

自宅サロンをやめようと思った瞬間でした……(笑)。自宅サロンは続けたくない。じゃぁ私、何がやりたい？　迷った時は、自分と向き合うチャンス。とことん自分に問いかけました。テナントを借りてサロンを開く？　お客様と接するのは楽しい。でも今日みたいな時、一人は怖いしな。みんなでワイワイ部活みたいなのも楽しかった。そうか、私ひとりで仕事するより、誰かと一緒に仕事したいのかも。んー、そしたらまたエステサロンに戻る？？　技術をやるのも好きだけど……後輩たちに技術やカウンセリングを教えるのも楽しかったな。その時ふと、昔、父親が私に言った言葉が頭によぎりました。

「先生と呼ばれるような職につきなさい」

私に何か教えられることがあるのかな。先生と呼ばれる仕事に就けたら、お父さんも喜んでくれるかも。学校を中退して、お金を損させちゃったしな……。そんな父への贖罪と、認めてもらいたいという気持ちを自覚した時、【エステスクール事業新規立ち上げ　講師募集】の求人を見つけたのでした。

## 人生を変えた新しい出会いと共同経営

新しい職場は、資格取得のためのエステティシャン養成部門と、全国の直営サロンのスタッフのフォローをしていく「教育部」という部署がありました。実務経験が長く、自宅サロンをやっている時に心理学を学んだ経験もあったので、現場で悩むスタッフのフォローをしたいと考え、教育部への所属を希望しました。

同期は、大手経験10年以上の各店舗を束ねるマネージャーを経てきた人や、整体師から東洋医学にはまり、鍼灸士の国家資格を取得した人など。ちゃらんぽらんな私の経験なんて役に立つのかな~と若干不安になりましたが、一番経験の浅い私に10歳以上も年上の先輩たち（でも同期）は、さまざまなことを教えてくれました。

経験も実績もあり、尊敬する同期のくみちゃんは、仕事以外にもアクティブ。美味しいお食事や素敵なお店を教えてくれて、「台湾が大好きで年に2回くらい行くの。静ちゃん一緒に行こう！」私を海外に初めて連れ出してくれたのも、くみちゃんでした。

有名な小籠包屋さんに行ったり、地元の人でも知らないようなお茶の卸のお店で、台湾語を話せないのにグラム単位で高級茶葉（最高級の凍頂烏龍茶！）を買ったり。日本円にすると千円とかの激安なのに、そこそこー！　なんでわかるの？？　という凄腕の街角のマッサージ屋さん。初めて受けた台湾マッサージの後は、生理前に出てくる頭痛がそういえば起きないかも……？と技術に興味が出てきました。

当時の私の中では、エステは美容で人を綺麗にするのが仕事、どこか痛い、辛い不調は整体とかカイロの範疇よね、という体の仕組みについてはなんの理解もできていない中途半端な状態でした。ただ、台湾でマッサージを受けた後には、むくんだ足が軽くなって、腰や肩が楽になるのを実感。ツボを押されている時はあんなに痛いのに、終わった後はなんで楽になるんだろう？？　体の中で何が起きているのかな？　探求心が溢れてきました。

昔から、腑に落ちるまで勉強するタイプだったので、東洋医学の不思議さに興味が湧いたのだと思います。

そんなある日、ツボや経絡（けいらく）を大きく打ち出したサロンが自宅近くにあり、興味を引かれて行ってみました。入ってみたらなんとフツーのおじさんが受付に。まさしく台湾で受けたマッサージ屋さんみたいな安っぽい（失礼）内装と雰囲気のお店でした。

まさかこのおじさんにマッサージされるの？？　オイルって書いていたのに？　と思っていたら、現れたのは台湾の女性でした。おじさんとはご夫婦で、二人でこのお店をやっているらしい。片言の日本語だけど、いろんな話を聞いたり話したりして、私の仕事がエステティシャンを教育する仕事だと話した時、彼女が身を乗り出してきたのです。

「ワタシも学校やりたい。この台湾の技術を教えたい。でも、日本語カタコトだし、何やっていいかわからないしだった。あなたがその仕事しているなら、力を貸してほしい！」

その志は素晴らしいーと思ったけれど、私は今の仕事や生活が気に入っていたし、丁重にお断りしました。けれど、技術が気に入ってサロンに通うたびに、スカウトの嵐！　嵐！　嵐！　あまりに熱望されすぎて（笑）、熱意に負けた私は、彼女と手を組むことに決めました。

やるからには、彼女がやりたいと思っていたことをしっかり叶えてあげたい。彼女の技術だけでは日本人には受けないところもあるから、そこは私が持っているものを足して……と、どんどん構想が膨らみました。

そして、今までありそうでなかった、私が全く別物と思っていた、美容は美容、健康系は整体カイロ、が一緒になった最高の技術が構築できました。私達の集大成「経絡リンパセラピスト養成学院」は、条件の良い居ぬき物件があった新宿からスタートしました。

お稽古雑誌では当時有名だった「ケイコとマナブ」に掲載をスタート。東洋医学の技術とリンパやエステの組み合わせは真新しく、世の中のニーズとちょうどマッチしたのか、全国海外からたくさんの受講生が訪れ、大反響でした。すぐにスクール専用のお部屋を増設し、スタッフも増やして、忙しいながらも毎日充実した日々でした。

新宿で成功したので商圏をひろげようと、遠方からも来やすい品川エリアに出店を決め、品川店は共同経営ということで、出資をしあって新たなスタートを切りました。品川店も時代に乗り、毎日楽しく、充実した日々を送っていました。折をみて台湾へも何度も訪れ、台湾では医療技術として施術されている、骨格矯正の技術の取得にも力を入れていきました。

そんなある日、いきなり弁護士から通達がきたのです。雇用契約に違反しているから違約金を支払い出ていけと。新宿のサロンを立ち上げた当初は業務委託契約でした。その後、共同経営で品川を始めたのですが、業務委託契約中に新しいサロンを共同経営で立ち上げるのは、契約違反だというような内容でした。

彼は、自分の妻が人生のパートナーである自分より、ビジネスパートナーの私と業績や売上をどんどん伸ばしていき、自分は仲間に入れてもらえないという嫉妬心からの行動のようでした。彼女は離婚して、私と一緒にビジネスを大きくしたいという考えもあったようですが、子供がいるので離婚はしたくない。でも……。

そんな煮え切らない態度をみて、私は急激に気持ちが冷めたのを覚えています。あなたが一緒に仕事をしてほしいと私を巻き込んだのに、そんな意味がわからない嫉妬や揉め事に振り回されるのはもううんざり。私は一人でやるからいい！　そうして、共同経営は失敗するよ～とよく言われるパターン、優先順位や考え方が違ってきてしまったという方向性の違い（キレイに言うと？）で、晴れて独立したのでした。

ラッキーだったのは、会社を興すにはどう動けばいいかを2回も経験していたこと。2週間後には「デトックスエステSEAS」「SEASメディカルリンパアカデミー®」サロンとスクールを同時に立ち上げ、この技術を必要な人たちに届け続ける！　そして、意味がわからない勝手な夫婦間の嫉妬や私情で私を裏切った人達を見返してやる‼　という、メラメラしたエネルギーで動き続けていたのを思い出します。

よく巷の成功本などでは、前向きであれ、ポジティブ志向で、などと言いますよね。必要以上にネガティブで、後ろ向きで愚痴や言い訳ばかりで、何も始めようとしない人は成功しないと思うし、後ろ向きより前向きな考え方のほうがいいとは思います。けれどこの、もうこんなのは嫌‼　絶対に負けるもんか！　見返してやる‼　という心の底から沸々と込み上げる力が、実はポジティブパワーの何倍にも勝る底力だと言われています。

負けず嫌いで頑固な性格の私は、絶対に追い越して後悔させてやる‼!　そんな気持ちで、いろんなことを切り開いて、引き寄せてきました。なので、通常は前向きモードがいいと思いますが、メラメラした決して前向きではないエネルギーでも、ちゃんと成功できるんだ！　と安心してもらえたらなと思います（笑）。

## 何となく体調が悪い ―不定愁訴について―

現在、日本人の2人に1人に肩こりがあり、女性の90％以上が冷えで悩んでいる、と言われています。冷えは万病の元と昔からいいますが、足やお腹、肩を出したファッションは可愛いですよね。私も20代30代の頃は、女子力を最大限に活かすべく？　そんな服装で、冷たい食べ物や飲み物などでさらに体を冷やし、生理痛やむくみ、そして特にひどい偏頭痛にいつも悩まされていました。（因果応報ですね）

とにかく偏頭痛があると仕事にならない、生活をするのもしんどいので、痛み止めがかかせない生活を何年も続けていました。あまりに辛いので病院で検査をしても、「健康そのものでなんの病気もありません」と言われ、まだ病気だったほうが痛みの原因がわかるのに！と対処療法で飲み続ける薬も効かなくなってきて、痛みが恐怖でした。

今思えば、リンパ・血液・気の流れが、冷えが主な原因で滞り起きていた症状でした。ということは、冷えを取り除かないとすべての症状は改善せず、冷えるような生活習慣をなんとかする必要があったのに、それを全く知らなかったのです。

痛み止めは痛みを麻痺させてくれますが、麻痺させているだけであって、根本から治してくれるわけではありません。けれど、痛みがあると苦しいので、痛かったら痛み止め、咳が出たら咳止め、熱があったら解熱剤と、薬で症状を抑える対処療法が現代医療の主流になっています。実は、その場は一旦楽になっても、体の反応を抑えることで、免疫の働きも抑えてしまうということを知らない人がほとんどです。

発熱という体の反応が起きている時、体の中では何が起こるのでしょうか。

私たちの体を守ってくれている免疫細胞は、38度で活発に働き、体温が下がると、ガン細胞が活発になるといわれています。熱が上がるのは実は悪いことではなく、体にとって必要なこと。ですが、熱を下げて免疫細胞の働きを阻害しよう！と思って、解熱剤を使う人なんていないわけありませんよね。

昔は大家族で、おばあちゃんの知恵袋じゃないけれど、女の子はお腹を冷やしてはいけない。夏の食べ物は体を冷やすよ、など生活に密着したことを教えてくれる人が近くにいました。核家族化した現代では、教えてくれる人がいないのです。

子供の頃に、お腹が痛いと言えば、お母さんが「痛い痛いの飛んでいけ」とやさしく手をあててくれたことを思い出します。

病院に行けば先生が「痛い」と言うところを触って、状態を確かめてくれたものです。

それが今ではどうでしょうか。忙しすぎる病院の先生達は、患者さんのお顔を見るのもそこそこに、パソコンの画面に症状をうちこみ、症状にあった検査やお薬の指示を出すという対処療法が日本の病院の主流になったのです。

生まれたての赤ちゃんは、人に抱き上げられ、手をかけてもらえないと生まれてすぐに死んでしまうそうです。子供達は、頭や背中、お腹や足を優しく撫でるだけでも安心して眠りにつけます。大人でもスキンシップは気持ちいいですよね。背中や肩に手を添えられたら安心したり、ハイタッチしたりすると気持ちが上がったりします。

人は本能的に人と触れ合うことを望み、触れる触れられることによって体のバランスを調整して生きています。仕事がＡＩにとって代わられると言われているこれからの時代にも、私達セラピストの仕事はＡＩには絶対に代われない。そして、人が生きていくうえで必ずニーズがあり、それはますます高くなると言われています。

痛い場所を知らずに撫でさすったりした経験はありませんか。実は、手当ては誰にでもできる力なんです。誰にでもできる「手当て」ではありますが、症状にしっかり結果を出すやり方があり、症状が出る前に使うことで、健康管理ができるようになります。

「一家に一人セラピストで生活の質をあげる」を理念として、手当ての素晴らしさを広めていきたいと考えています。

## あなたにもきている「幸せになれるサイン」

今のあなたは、なりたい自分100点満点中、何点ですか？？　今のわたしは60点くらいです（日々更新中です！笑）もしあなたが、なりたい自分100点満点でないとしたら、もっとこうなりたい、ああなりたいと思いながらも、なんらかの理由、例えば、時間がないから、仕事が忙しいから、子供が小さいから、お金がないから……などで、目標への一歩が踏み出せていないのかもしれません。今の私がいるきっかけは、元ビジネスパートナーとの決裂でした。今となっては、あの時おじさんがやきもちを妬いてくれて、ほんと良かったーありがとう！　って思いますが、当時は、やれるかどうかもわからなくて、不安でいっぱいで。だけど、前に進むしかない！　だから、とにかくやる！　と、前に進むことしか考えず、突き進んできました。そんな当時の自分を褒めてあげたいです（笑）。

だからもし、あなたが今、不安を抱えて、これでいいのかもわからなくて、今を変えたくても何をしていいのかわからなくて、ネガティブの塊だったとしても全然大丈夫です。

ジャンプする時を想像してみてください。今より高いところに上がろうとする時は、立ち止まり、より高く飛び上がろうとするならば、後ろに下がったり、姿勢を低く、しゃがんだりしますよね。その下がった状態が不安に感じられると言われています。ただそれは、これから飛躍する準備。低ければ低いほど、実はより高く飛び上がれるのです。

人は何のために生まれてくるか理由を知っていますか？　私たちはみんな「幸せになるため」に生まれてくると言われています。自分以外の周りの人が、みんなうまくいっているように見えてもやもやしても、自分のやりたいことがなんなのかわからなくなって未来に不安を抱えていても、大丈夫！　私たちには幸せになる方法をキャッチできる超能力が備わっているんです。

何かをしている時に、「ピン」ときたことはありませんか？　なんか気になるとか、第六感とか、虫の知らせとかいったりします。実はこれが、私たちが幸せになるためのシナリオに気づかせてくれるサインだったんです。毎日繰り返されている日常の中でも、これおもしろいかも！　ん？　これ気になるな。あれってそういえば……なんて、気づきやきっかけが必ずあなたに訪れてきます。だから焦らず待っていて大丈夫です。

「あの時気づいて、行動してくれてありがとうー！」

なりたいことを叶えた未来の自分に、お礼を言われている自分を想像してみてください。なんだか楽しくなってきませんか？　なんだかワクワクしてきちゃいました！

一緒に自分の人生１００点満点を目指す仲間になってくれる人、大募集中です！

## あなたへの
## メッセージ

「ピン」と来た時は、
あなたが幸せになるシナリオに
気づかせてくれるサインなので、
信じて突き進みましょう！

中山静子さんへの
お問合わせはコチラ

# 諦めなければ夢は叶う！融資を断られたものの、2年越しに実現した個室トータルビューティーサロン開業！

株式会社 Bijou Garnet 代表取締役
一般社団法人日本美容総合協会 代表理事

二反田恭子

1983年、広島県生まれ。美容専門学校卒業後、働きながら、認定エステティシャン、アイラッシュ1級、アイラッシュ認定講師、着付け、センセーションカラーセラピストの資格を取得する。全室個室のトータルビューティーサロン Garnet を27歳でオープン。28歳で、国際アイラッシュ協会本部認定講師としてアイラッシュスクールを開校。29歳で理事就任。38歳で日本の技術を海外へ、美容教育に特化した社団法人を帝国ホテルタワーに設立。同時期に、Garnet2号店を銀座にオープンする。現在は、お肌にも髪にも優しいオーガニックオイルやまつ毛美容液などの開発にも携わる。

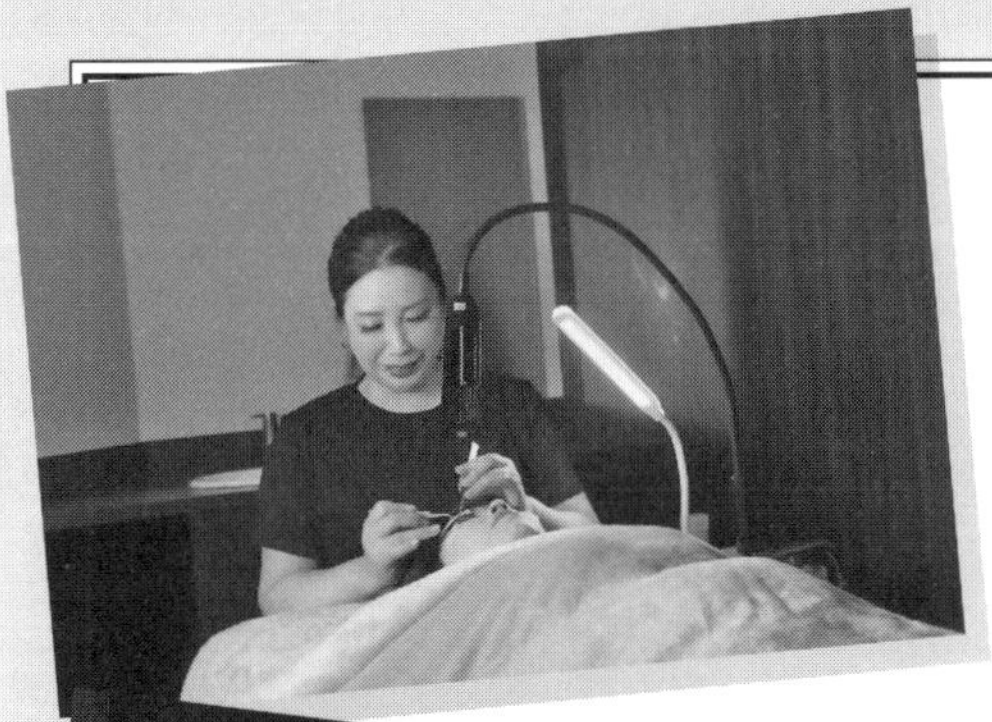

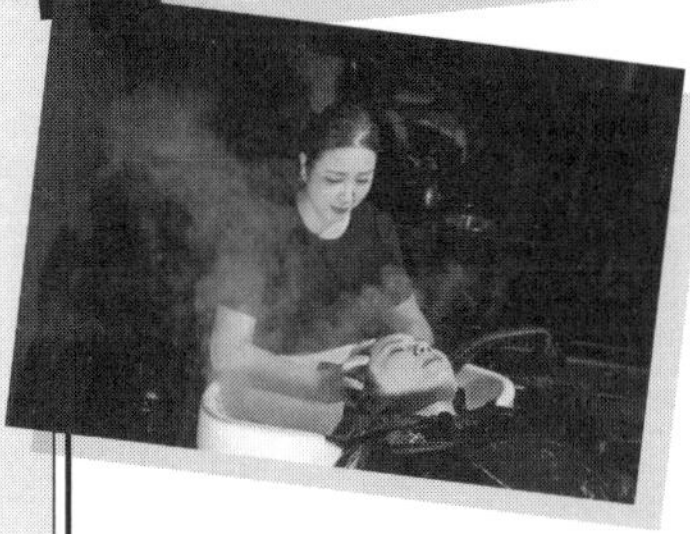

## 1日の
## スケジュール

07:30 起床、朝食、身支度

09:00 仕事スタート（支店ミーティング、メールチェック、入客）

14:00 昼食

19:00 仕事終了

20:00 夕食、会食

21:00 自宅で仕事 ( 資料作成、zoom ミーティング、メールチェック、スケジュール管理 )

24:00 就寝

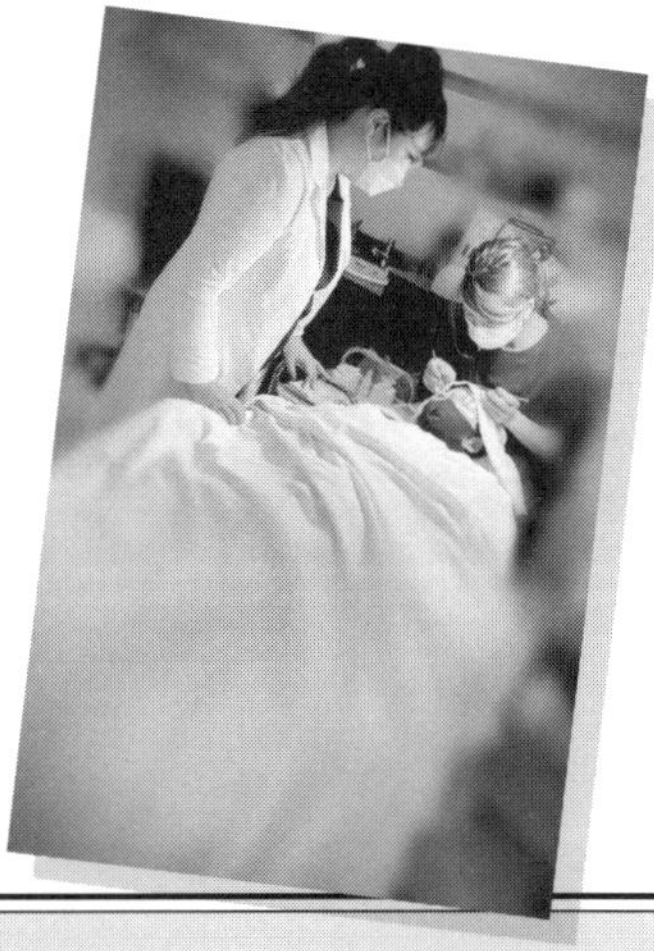

## 原動力は「好き」という気持ち

子供の頃から「美容」は身近な存在でした。母親が美容の世界にいたからです。家の1軒隣は親の営む美容室。そこへよく顔を出していました。綺麗になって帰っていくお客様は必ず笑顔。そして、お客様を見送る母もスタッフもみんな笑顔でした。いらっしゃいませ。ありがとうございました。子供の頃に好きだった言葉です。美容の世界で働く女性の背中はとにかくカッコ良い。私も美容業界へ行く！　物心ついた時にはもう決めていました。

国家資格である美容師免許が取得できる美容専門学校へ入学しました。この学校は当時、パリ、ロンドンでの海外研修があり、Vidal Sassoon（ヴィダルサスーン）店舗での研修体験もできました。海外での美容を体験できたことで、ますます私の美容への憧れに火がつきました。

学校が休みの時は親の店で手伝いをしました。お手伝いなので、もちろんお給料が入るわけではありません。シャンプーをしたり、お客様の髪を乾かしたり。早く髪を切れる人になりたかったので、今できる技術を少しずつ習得していきました。

ただこの頃、思春期だったこともあり、恥ずかしくてお客様と会話なんてできませんでした。大好きな、いらっしゃいませも、ありがとうございましたも、大きな声で言えませんでした。

お店の中では、親は先生でした。だから「先生」と呼んでいました。親子であれ、そこは徹底していたほど厳しい環境でした。注意を受けて、泣き顔のまま表へ立ったこともあります。あの頃の自分を叱ってやりたいくらいです。当時の私は、接客の大事さがまだわからない未熟者だったのです。


美容師免許を取得した後に、全国100店舗越えの大型サロンへ就職しました。

初めは店内に入れず、お客様の笑顔なんて全く見られませんでした。昼間は外でずっとビラ配りです。営業後にやっと先輩にモデルになってもらい、シャンプー指導を受けることができました。帰宅は24時なんてザラ。朝は営業前に朝練があったので、店には6時入り。同期が5名いたのですが、次々と辞めていきました。

私は早くスタイリストになりたかったので、ビラ配りという雑用の日々が辛かったです。配るチラシの隅には、同期5名バラバラのカラー印をつけて配りました。そのチラシを持って来店してくださったお客様のカラー印で誰が配布したものかわかるようになっていたのです。チラシの戻り枚数が評価になっていました。

雑用ばかり……何のための仕事なのかわからない日々でした。しかし今、こうして経営側に立つと、ビラ配りの理由もよくわかります。

雑用は、特別なスキルや経験がなくても、誰でもできる仕事かもしれません。業務の中でも軽視されることが多く、任せられる仕事がないことから、入社してしばらくは雑用ばかりを任され、不満を感じることもあるかもしれませんね。私もそうでした。

しかし、軽視される雑用から、高い対応力や接し方、その人の仕事に取り組む姿勢や能力がわかります。そして、雑用をすることで自分のスキルも上がるし、得られるものがたくさんあります。実はコア業務に引けをとらないほど重要な仕事なのです。

つまり、雑用の取り組み方で優秀な人材か否か判断できたりするのです。私がしてきたチラシ配りに仕事の本質があったのです。『雑用』などはなく、すべて大事な『仕事』だということ。すべてのことには意味があるということを学びました。

時が経ち、無事にスタイリストになることが叶いました。さらに、着付け教室へ通って認定証を取得。成人式の着付けができるようになり、技術の幅を広げることができました。

エステも学んでみたくなり、タカラインターナショナルエステティックカレッジに入りました。といっても、スタイリストとして働きながらです。週3日大阪の学校へ通い、ホテル泊をしながら認定エステティシャン資格を取得しました。エステの学校では、同郷の同期と相モデルになって技術練習をしました。

そこからは、スタイリスト兼エステもするようになりました。

そして、働いていたサロンにアイラッシュメーカーさんが営業に来たことがきっかけで、アイラッシュも学びました。髪もお肌もまつ毛も爪も、綺麗にできる技術が一つずつ身につくのが楽しくて仕方がありませんでした。

だから、学ぶことは苦になりませんでした。自分が好きなことをしていたからです。

振り返ると、20代のすべての時間を、美容に関することに時間とお金を費やしていたように思います。

## 笑われた悔しさをバネにして

ヘアーサロンもエステもネイルも良いと聞けば、休日を使って東京や大阪へもすべて行きました。お給料は全部そこへ消えていきました。

そんなある日の新幹線内で、ふと思いました。私が25歳の時です。

「ヘアーもネイルもエステも美容が一箇所で完結するお店が近くにあったらいいのに。女性は忙しい。美しさを保つために、すべてをしようと思うと一日がかり。忙しい女性のために一箇所で完結する場所を作ろう。ゆっくり過ごせるように個室にもしよう。誰かに見られるのは綺麗になった後で充分」

当時、私が住むエリアには、個室のトータルビューティーサロンがまだなかったのです。

「ないなら私がやろう」そう思いました。

思ってからの行動は早かった！　昔から私はトライアルアンドエラータイプで、やってみたいことはすぐやる。迷いなんてありません。何事もスタートは早い方が良いと思っています。時間は限られているから。

事業計画書を持って、金融機関へ行きました。すると、担当の男性に鼻で笑われました。コロナ禍の影響で、今となれば半個室や個室サロンは当たり前のようにありますが、当時はコスパも悪く、軽くあしらわれました。その挙句、「女性ですからね。結婚も出産もあるでしょうし、コンパクトに小さなテナントを借りてやったらどうですか？　お家の一角にするとか？」と。ようは門前払いでした。

女性ということで偏見され、この夜は悔しくて、涙が止まらなかったのを今でも覚えています。

個室のサロンは、3席作るだけでもかなりの面積を要します。ヘアーサロンは、すべての部屋にお客様が移動せずともシャンプーできるように、一部屋に一台のシャンプー台を完備。そこに加えて、ネイルルームやエステルーム、アイラッシュルームとなると必然的に大きなお金が必要でした。

何度も断られましたし、やっていけるのかと周囲の反対もありました。20代女性が一番輝く時期に、苦労を選ばなくてもと言ってくる人もいました。それでも自分が自分の可能性を信じなくてどうするのかと、軸をぶらすことなく諦めませんでした。この時の悔しさが逆に私の心に火をつけました。

サロンを出すために足りないことを学びました。人を雇うのなら、ましてやトータルビューティなら尚更、私自身も専門技術を知っておくべきだと考えました。そうでないと、スタッフが言いたいことが理解できず、成り立たないからです。

27歳のオープンまで、美容に必要ないろいろな勉強をして資格を取得しました。ヘッドスパやエステ、アイラッシュ、着付け、アロマテラピー、センセーションカラーセラピー、色彩学など、セミナーもあれば出向いて学ぶ。美容オンリーの日々を送っていました。

そんな努力の甲斐もあり、協力してくださる銀行が見つかりました。事業計画を握りしめて銀行へ行ったあの日からオープンまで、気づけば2年の月日が過ぎていました。当時の担当だった支店長さんは、離職された今でも時々、様子を見に会いに来てくださります。銀行さんが税理士さんを紹介してくださり、学びを受けていた時に知り合った労務士さん、弁護士さんは今では会社の顧問をしてくださっています。努力は人との縁をも繋いでいってくれました。いろいろな方の支えがあってのお店であり、会社だと思います。

集客においては、大きな2階建の建築物が周囲に建ちだしたこともあり、それだけで注目を浴びました。なので、集客は建物が広告になったのと、開業時に新聞広告をエリア広範囲に出したくらいです。それ以降は数年、サロンを大きく価値のあるものにしていくことに必死でした。

一度来店くださったお客様がまた来たくなる、紹介したくなるサロンにしたい。大切にしたいと思っていました。そうすると次第にリピーターや紹介で広がっていきました。

個室のサロンが当時、地元にはなかったので、お客様が驚くとともに大変喜んでくれました。今はコロナ禍もあるので、個室は非常に喜ばれます。高齢者の方は移動せずともシャンプーができると喜ぶ方もいらっしゃいます。やって良かったと思った瞬間です。

感謝の気持ちも必ず伝えています。私なりの伝え方にはなりますが、毎年12月の周年記念には、1年間の感謝の気持ちを込めてお客様にお歳暮を渡しています。挨拶文を添えて。


次に大変さを痛感したのは、人材です。27歳で起業したので、雇用するメンバーも1，2歳ほどしか違わない同年代ばかりで、ナメられる。私より年上を雇えば、キャリアのプライドもあり、裏ボスになる。一時期、1名を除くスタッフ全員が辞めていったこともあります。お客様の引き抜きをする子、レジからお金を抜く子もいました。足をひっぱられることが多々ありました。

この頃はいろいろなストレスで身体を壊しました。なぜ自分がこの店をやっているのか、起業したのかわからなくなりそうで、辞めたいという考えになったこともあります。当時は、家族や先輩にだいぶ支えられました。

くだらない話なんてフーン程度で流せば良いと思います。外部からの悪意ある毒を、わざわざ自分の中に取り込む必要なんてありません。

人によって、経験によって、私も強心になったと思います。

女性ばかりのスタッフ雇用で4人同時期に妊娠出産、産休育休で店がまわらないこともありました。おかげで産休育休制度に詳しくなったし、雇用体制を変化させたりと、多様性を学びました。すべては学びだと感じます。

## スクール事業を立ち上げた理由と夢の叶え方

28歳の時、国際アイラッシュ協会へ入らせていただき、その後、まつ毛エクステの本部認定講師を経て、今では理事も担わせていただいています。

収益は一つの柱より何本あってもよいと考え、スクール事業を取り入れました。スクール事業を取り入れてから、サロン収益以外の売上がアップしました。

当時、まつ毛エクステンションの施術に美容師免許が必要になった頃で、資格未取得のサロンオーナーさんが習いにきたりと、美容学校通信＋まつエクスクールの美容師免許取得コースがとても人気になりました。スクール生が卒業し、そのまま私の運営するサロンでインターンシップとして働き、今では独立開業した卒業生も数名います。

また、お店がオープンして3年後には、東京にある美容外科クリニックさんと医療提携を結び、当店ではできない医療美容治療を提供することができるようになりました。

今後は海外から美容を習いに来た人達の支援もしたいと思っています。日本の技術を海外へ。スクール生が活躍すること、夢を応援できる人になりたい。そのためにまた新たに法人を立ち上げました。

2店舗目は東京銀座へ。ビル全体が美容ビルということもあり、美容医療、エステ、ネイルなど美容に関することすべてが叶います。その一角へ入らせていただきました。もちろん個室対応です。

夢の叶え方、目標達成のコツはありますか？　と問われることがありますが、私はまだまだその途中です。ただ、目標を立てるとき、よく自分に問います。

何をしたいのか？　どこへ行きたいのか？　とにかく、自分が何をしたいのかどうなりたいのか、をまず決めます。そう、未来の自分を、未来像をイメージするのです。

そうすると、必要な情報や人脈をキャッチできるようになり、明確にイメージすることで現実化できるのです。自分の言葉、思いがすべてをつくる。そうやって私は自分のしたいことをカタチ作ってきました。

結構、シンプルに。ありかなしか。イエスかノーか。

まだまだ私はやりたいことだらけ、がむしゃらに突き進みます。

# あなたの人生の責任者は誰ですか？

周囲から反対されると、諦めがちです。

若いから無理。女性は結婚も出産もある。だから続かない。夢を笑われる。

それでも諦めたら、そこで自分の可能性を摘んでしまうのです。

責任を負う人が、進むべき路を決めればよいと思います。人生の決断において、自分以上に責任を負う他人はいません。だから、自分の進みたい道に進めばよいと思います。


自分の心と直感を信じて勇気をもつこと。

やりたいことはやってみる。時間は限られています。

自分が選んだ道で失敗することは必ずあります。

私も振り返ると失敗ばかりだし、辛かったことの方が多い。

だけど、それが不正解なわけではありません。

今この道を正確にするために、努力が必要なのだと思います。

勇気も必要なのです。

二反田恭子

精一杯頑張った先が今の人生ならば、誰がなんと言おうとそれは正確だと思います。
私が選んだ道は、私が正解にしていくだけ。
失敗したらゼロに戻るだけ。
私はいつもそう自分に言い聞かせています。

でも知識はゼロになりません。
経験は糧になります。
得た技術は、自分の財産になります。
だから、どんなこともどんな人生でも損はしないのです。
経験も学びも全部、宝物。

諦める人生はもったいないです。考えていたらきりがありません。
挑戦すれば応援してくれる人が現れます。支えてくれる仲間が現れます。
だから迷わず突き進んでいけば良いと思うのです。
感謝の気持ちは忘れずに。
私も、私を支えてくださるすべての方々に感謝を込めて……。

あなたへの
メッセージ

---

人生の決断において、
自分以上に責任を負う他人はいません。
だから、自分の進みたい道に
進めばよいのです。

二反田恭子さんへの
お問合わせはコチラ

二反田恭子

# アメリカと日本で会社を設立！
# 行動しまくったからこそ気づいた
# 行動だけでは足りない
# 「1つのピース」


株式会社 HDI 代表取締役

## Nocchi


1989年、東京生まれ。専門学校卒業後、アメリカ・ロサンゼルスに3年間留学。2015年、留学中に「世界中に日本人ダンサーの活躍場所を提供したい！」とアメリカにて独立起業。2016年、日本にて起業。未来ある若い子たちが「グローバルに自立できる場所」を作るべく、多方面からの仕掛けづくりを続けている。現在、教育とエンタメを合体させたエデュテイメントを基盤に様々な事業を展開中。

## 1日の スケジュール

07:00 起床

07:30 スターバックス・ベンティサイズアイスラテ購入

09:00 仕事スタート（1日の予定確認、メールチェック）

10:00 夢会議

11:00 仕事（現場指示）

14:00 打ち合わせ

17:30 現場見回り

20:30 夕食

21:00 メールチェック、翌日の準備

22:00 仕事終了

## 行動する事が大切ではない（早くも結論）

「行動がすることが大切！」ではありますが、何か欠けていることを、ずっと模索していました。今回ありがたいことにRashisa出版様にこのような機会を頂き、書籍を書いている中で欠けているピースを見つけることができ、欠けているピースを読んでくれる皆さんに向けて、種明かしをしようと思います！

この種明かしが、『人生は自分でつくれるもの！　つくろう！』というキッカケになれるようなメッセージと共に、私という人物の人生ストーリーや、今までの経験から得た気づきも合わせて、この本に記載します。

「行動する事が大切」だと数々の本や、歴史的に言われています。私もそう思い18歳の時からひたすら走ってきました。走った結果、ありがたいことに「行動力あるよね」と周りからたくさん言われるようになりました。ただ、行動力があると言われると確かにあるけれど、どこかピンと来ない部分もありました。そんな気持ちを抱きながら、この本を描き始めて〝欠けているピース〟の種明かしができたと言っても過言ではありません。

この章を読んでいただいているあなたに〝欠けているピース〟の種明かしをする上で、私という人物の人生ストーリーを18歳から簡易的に記載させてもらいます。

●大学合格通知をもらうも、ダンスに出会い、大学進学を辞め、ダンス専門学校に変更。

●ダンサーになるために、エンタメの本場ロサンゼルス（LA）で学ばなくてはいけないと思い、留学を決意。

●ダンサーになるためには、ダンスだけの学びではなく、それ以外のスキルも必要だと感じ、学べる環境（学校のようなもの）を作りたいとアメリカにて会社を設立。

●アメリカ設立後、日本人ダンサーに向けての環境だということで日本に帰国し、日本にて会社設立。

●現在に至る。

一見、箇条書きにすると自分の選択した人生に対し、『行動をした』ことにより今の現在の自分を創り上げられたように感じます。皆さんも、きっとそう感じてくれるでしょう。ではこれより、種明かしをしていきたいと思います。実はこの『行動』には、何度も言いますが、1つ欠けているピースがあります。上記に記載した人生ストーリーを再度照らし合わせながら、1つずつ欠けているピースを一緒に見ていきましょう。

●大学合格通知をもらうも、ダンスに出会い、大学を辞め、ダンス専門学校に変更。

◉大学合格通知をもらうも、ダンスに出会い、即大学を辞め、即ダンス専門学校に変更。

最速即行動2日フロー：①両親・担任に伝える納得させる　②学校探す　③即願書出す

●ダンサーになるために、エンタメの本場ロサンゼルス（LA）で学ばなくてはいけないと思い、留学を決意。

◉ダンサーになるために、エンタメの本場ロサンゼルス（LA）で即学ばなくてはいけないと思い、即留学。

最速即行動60日フロー：①親に伝える&お金どうにかする　②エージェント探してビザ取得する　③即留学

●ダンサーになるためには、本場でダンスだけの学びではなく、それ以外のスキルも必要だと感じ、学べる環境（学校のようなもの）を作りたいとアメリカにて会社を設立。

◉ダンサーになるためには、本場でダンスだけの学びではなく、それ以外のスキルも必要だと感じ、学べる環境（学校のようなもの）を即作りたいとアメリカにて即会社を設立。
最速即行動30日フロー：①Googleで『アメリカ・会社設立・どうする？』調べる　②手続きしながらサービス仕組み化する　③即設立
●アメリカ会社設立後、日本人ダンサーに向けての環境だということで日本に帰国し、日本にて会社設立。
◉アメリカ会社設立後、日本人ダンサーに向けての環境だということで即日本に帰国し、日本にて即会社設立。
最速即行動45日フロー：①日本に帰国する　②Googleで『日本・会社設立・どうする？』会社設立と調べる　③即設立

照らし合わせてみると良くわかります。欠けているピースは『即』です。「即！　行動すること」です。『行動することが大切』でなく、『即行動することが大切』なんです。

私はとことん『即行動』を大切にしています。即行動さえしていれば、そこからフィードバックトライアンドエラーも当然、即ついてきます。

「こんなことをやりたい」「このサービスはまだない」「誰もやっていない」そういったものに心浮かれる気持ちはわかります。それも大切です。

ですが、「それで満足してないか?」「話して終わりにしていないか?」「1秒でも早くそれを組み立て、即行動する! そこにすべての標準があわせられているか?」〝具体的に何をすればいいか〟なんて正直分かりませんが、ただただ「即行動」することを意識し、自分を鼓舞しながら人生を創り上げています。

もちろん、即行動したことによって、時にはリスクが生じることもあります。当初は、多々どころでないくらいありました(笑)。でも、『考えながら行動する』という器用な技が徐々に身についてくると、即行動も最強に変わります。

私は、ここ数年でことごとく、いろんなコトに負けてきました。勝てるとすれば、いかに夢を最強最速で即行動できるかです。

伝えたいことは以上です。少しでも共感してくれたら本をここで閉じて、自分が本当にしたいこと、確かなもの、夢を即行動してください!

## 即行動の魂胆（おまけの章）

第二章からはおまけになります！

大前提に、『即行動することが大切！』なので『本気で叶えたい夢がある』人や『自分の力で人生を選択したい』人は、必ず本を閉じて即行動してください！


即行動が〝なぜ〟できるのか。この章では、即行動できる魂胆を伝えていきます。

私は『誰がなんと言おうと自分を信じて、自由にかっこよく生きたい』という明確な軸がしっかりあります。答えは意外とシンプルで、自分の中にある『軸』が、即行動できる魂胆、理由です。

自分の人生は自分で決めることができ、自由に描けるキャンバスのはずなのに、物心がつくにつれ、社会という大きな組織に触れることにより、なんらかの障害を自らつくり軸がブレブレになります。『かっこよく』『自由に』『好きなことで』など、誰しもが思うままに生きて、ヒーローぶったり褒められながら思うままに生きたいはずです。

なのに、『周りが』『お金が』『親にこう言われるから』『友達にこう思われたくないから』

という心理的な障害から、人に合わせた行動をしたりと、軸がブレブレになるケースが大半です。正直、私も最初はブレることがありました。先ほども伝えた通り、大概の軸がブレるシーンは同調してしまう時です。

日本は良くも悪くも、とても同調文化が根付いている国だと思います。第一章でも書いたように、私は留学をしたからこの日本特有の同調文化に気づけたと言っても過言ではないと思います。そういう意味では、留学をして本当に良かったです。

人の意見を聞くのと、同調するのとでは、天と地の差です。行き過ぎた結果（同調したら）、自分の軸を自分でブラしてしまうのです。だからこそ今一度、伝えたい。

『軸』をブラさないことは人生において、とても重要です。

もし、軸と言われまだピンと来ない人や、『本気で叶えたい夢がある』人、『自分の力で人生を選択したい』人は、まずは自分と向き合って軸づくりを始めることを推奨します。

ここからは、即行動信者であり効率主義でもある私が、『本気で叶えたい夢がある』人や『自分の力で人生を選択したい』へ向けて、何かしらで立ち止まった時の処方箋というメッセージを込め、10代～20代からリアルに集めた質問ベースで書いていきます。

Q１・周りを気にして、行動ができないのですがどうすればいいですか？（10代）

結論、周りを気にしてもらっても大丈夫！　ただ1つだけルールを決めて欲しい。周りは周り、自分は自分。一番大事なのは同調しないこと。そうなると同調しないためのトレーニングが必要！　では、どうやってトレーニングするの？　これは大変！　言い聞かせてセルフコントロールをうまくして！　正直これしか言えない（笑）。強いていうなら、日本でなく各国の文化や考え方に触れる機会をつくるのもいいかも！

あくまで、周りは参考としてあるだけで、決してあなたの人生の決定権はないよ。自分の人生は、自分に一番決定権があるんだから！　自分の決定権を大切にして！

そしたら、周りを参考に、行動できるようになってくるはず！

Let's TRRRYYYYYYY！

Q２・成功と失敗は？（20代）

成功も失敗も自分自身が作れる指標だと私は思う。即行動することによって、成功と失敗が形成されるんだ。だから、失敗と成功という単語にビビらず即行動しよう！　ただ最初に伝えたいことは、失敗の方が多いよ！　その失敗を大切にして、失敗をどう自分が納得いく成功に変えられるか、努力できるか。これを積み重ねた時に、あなたは成功という体感を自分で形成できる。そして、副産物として『自信』がついてくるはず！

Q３・夢と目標とは？（10代）

自分が脳内に思い立ったワクワクしたことが「夢」。だから、脳内をスパークリングしまくれ！　脳内スパークリングできない夢なんて夢じゃない。「本気で終わらせたくない。恋した」そんな感覚が夢。そんな感覚の夢が「目標」になり、目標が現実になる。目標が現実になるために即行動しよう。現実になる瞬間は鳥肌立つくらい楽しいよ。

**Q４・夢がない事や夢が何か分からない事に焦る場合は、どうしたらいいですか？（20代）**

一番よくされる質問！　夢がないこと、分からないことを見つけることを夢にすればいい！　ないことや分からないことをネガティブに捉えず、見つけることを夢にし、いろいろな環境に身を置いたりすることによって、視野が広がって、いつか『夢』というものがふんわり浮かび、だんだんと形になっていく！　ただ、夢を見つけるための夢に対して行動できていない場合は、焦りは消えないと思います。

**Q５・プライドが邪魔をする時の対処法（20代）**

持つべきプライドと捨てるべきプライドを整理しよう！　まず、この整理ができないとどのプライドが邪魔をしているのかが曖昧になってしまうと思う。

それこそ、持つべきプライドは『軸』です。軸こそプライドであり、捨てるべきプライドではないため、もしもプライドが邪魔をする時にそれが軸だった場合、邪魔ではないので、堂々とそのプライドは保つべき！　ただ、軸と反するものであればそれは捨てるべきプライドなので、あっさり捨てるべき。

## Q6・結果が出ない時のモチベーションの保ち方が知りたいです（20代）

まず、結果がでないことを100％理解し、自身が消化する姿勢を持つこと。現実を受け止められないから、モチベーションが下がるわけで、現実をまず受け止める最強のメンタル作りを徹してほしい。それができたら、なぜ結果がでないのかを分析。あとは、継続（努力の努力）。継続は力なりという言葉があるように、信じられなかった時代も私もあったけど本当に継続が一番大事で、結果がちゃんとついてくるので信じて継続してほしい。

前述と矛盾した回答になるけど、中には、結果がでないという部分で本質的に向いていないことも時にはあるので、その場合はやり方を変える、もしくは、あっさり捨てる勇気を持つことも大事かなと思います。

## MINE（おまけのおまけの章）

大大前提に、『即行動することが大切！』なので『本気で叶えたい夢がある』人や『自分の力で人生を選択したい』人は必ず本を閉じて即行動してください！

ここでは、『会社のGOAL』について、少し語らせていただきます。

結論から伝えると、会社の目指すべきGOALとして、GOALをつけないことがGOALです。要するに、一生走り続けられる団体であるべきだと考えています。

GOALをつけない事がGOALだからこそ、『即行動』以外の私が大切にしている要素をもう1つお伝えします。

『ワクワク（エンタメ）』です。

利用してくれる人が、『ワクワクしているか、していないか』、一緒に作り上げてくれているチームのみんなが『ワクワクしてるか、してないか』すべてはここで何事も判断します。よって、ワクワクさせられるか、させられないかが私の最大の責任だと思って日々動いています。

この『ワクワク』が源で、スピードを落とすことはあっても、止まることはない『ハイギア（高速）かローギア（低速）』領域にくることができています。よく『そんな常に頭で考えて、動いて、疲れないですか？』と聞かれることはありますが、『疲れます』が正直な回答です（笑）。

ただ、ワクワクがそれさえも越えていきて、止まれないいんです。オン（仕事）とオフ（プライベート）という感覚さえありません。休日にディズニーランドに行ったとしても、並んでいる間も常にワクワクを考えています（笑）。

この領域で人生を生きられること・創り上げられることをとても誇りに思いますし、それを実現せてくれている仲間にも感謝しています。

よって、『地球にエンタメフラッグを！』（各国にワクワクの旗を立て、人々に感銘を与える）を企業理念とし、一生走り続けられる団体を目指します。

## 最後のメッセージ

この章では、少しでも共感してくれたら本をここで閉じて、自分が本当にしたいこと、確かなもの、夢を即行動して‼　というメッセージのみです。

子供の幸せを願い、日々頑張ってくれているお父さんやお母さん
進路にまよっている学生
就職活動をまよっている方

皆一人の人間。
自分を信じ、自分の人生を、自分らしく即行動してください。
私も、『即行動』と共に多大なる努力をし続けます。

あなたへの
メッセージ

自分が本当にしたいこと、
確かなもの、夢を即行動！

Nocchiさんへの
お問合わせはコチラ

# 知識・経験0から大崎上島へ移住し、オーガニックレモン農家になった道のり

ふじやファーム 代表

## 藤中夏実

1994年、広島県出身。大学卒業後、アパレル会社に勤務するも、広島県の離島「大崎上島」に移住し柑橘栽培を学ぶ。自分の手で作り出したものを直接お客様にお届けしたいという思いから、2019年に独立。農園「ふじやファーム」を始める。有機栽培レモンをメインとした柑橘の栽培、栽培の中で生まれ出る規格外品レモンを利用した加工品の開発に力を入れている。一人でも多くのお客様に皮まで食べられるオーガニックのレモンをお届けするべく挑戦を続けている。

1日の
スケジュール

07:00 起床

07:30 収穫作業

12:00 お昼

14:00 畑で作業

17:00 帰宅

18:30 夕食

20:00 パソコン作業

22:00 自由の時間

24:00 就寝

## 本当にやりたかったこと

接客とファッションが好き。私がアパレル会社に就職を決めた大きな理由はこれだけでした。4年制大学に進学し、卒業論文もファッションの流行をテーマにした私にとって、アパレル会社への就職は大きな憧れでした。

しかし、就職して半年、私の感情は常に「これではない」。毎日提出する報告書のために数字を上げないといけない、購買意欲のない人に売らなければいけない、毎日息を止めて生活しているように感じていました。朝から夜遅くまで1日中建物の中で生活し、その日の天気もお客様から聞くような毎日。自宅に帰っても休みの日でも、仕事の悩みや業務にミスがなかったかなどを1日中考えていました。

そんな私の話をいつも親身になって聞いてくれたのが兄です。兄は昔から自由で行動力に溢れた性格で、私とは正反対でした。兄もアパレル販売の経験があり、私が仕事についていつものように愚痴をこぼしていると、「お前、農業が向いとるんじゃない?」と言いました。というのも、当時兄は「大崎上島」という島ですでに農業を始めていたのです。

昔から仲の良かった兄は私の性格をよく理解しており、アパレルよりも黙々とひたすら作物に向き合って仕事をする働き方が向いていると考えたようでした。実家が農家なわけでも、土を触ることが特に好きなわけでもなかったのですが、都会や人に疲れていた私にとってはとても素敵な提案でした。

その後、仕事の休みを利用して島に遊びに行ったり、兄が働いていた島の中の観光農園で収穫体験をさせていただくようになりました。初めは、「大変だな」「すごく疲れる仕事だな」くらいの感想だったのですが、何度か訪れているうちに「こんなゆったりした時間の中で伸び伸び働けるなんていいな」と感じるようになっていったのです。

そして、「自分が作ったものなら自信を持ってお客様に良さを伝えられる。自分が作ったものを直接お客様に届けて笑顔が見たい！」と強く思うようになり、1年間お世話になったアパレル会社を辞めて、大崎上島への移住を決めました。

それからの毎日は目まぐるしく大変で、農家の経験も一人暮らしの経験もない私には、すべてが0からの体験でした。退職が決まり、一番にそのことを話したのは母です。「やりたいことができたから、今の仕事を辞めることになった」そう言って顔を上げた時、母は泣いていました。私は申し訳ない気持ちでいっぱいになりました。4年生大学に通わせてもらって好きな勉強をさせてもらい、好きな道に進んだ私の新しく大胆な決断をよく思わないのは当然だと思っていたからです。

しかし母から出た言葉は意外なもので、「良かった！」でした。私はとても驚いてしまい、思わず「え？　いいんん？」と答えると、母は「毎日辛そうに仕事に行く姿を見て、とてもしんどかった。自分で決断して自分で決めたことなら心から応援する」と言ってくれたのです。私は涙が止まりませんでした。確かに一番近くで私を見て、毎日早起きしてお弁当を作ってくれていたのは母です。きっと自分のことのように喜んでくれたのだと思います。

父も初めはとても心配はしていたものの最終的には背中を押してくれて、今では週末に島に来て、仕事を手伝ってくれる頼もしいパートナーになりました。こうして温かい家族に支えられて、私はさらに強く移住を決意します。

私が移住を決意した大きな理由は、前職で感じた「やりたいことはこれではない」という小さな違和感です。もし、同じような違和感で悩んでいる方がいるのなら、ありきたりかもしれませんが「人生は一度しかないのだから」と言いたいです。これから一生その思いを抱えて時間を過ごすのか、ワクワクする方に身を委ねて生きるのか、シンプルに考えてみれば自分の中で答えはもう出ているのではないでしょうか。

私が移住を決めた時、後の面倒臭いことなんて起きてから考えよう！　大体のことはなんとかなる！　と思うようにしていました。良くも悪くもこの考えが、知識０の私でも起業することができた理由なのかもしれません。

## 私を心身ともに変えた農業の魅力

移住してからの毎日は、これまでとは正反対でした。兄の働いていた観光農園で研修させていただき、毎朝7時に起きて17時に終わるという、とても規則正しい生活を送るようになりました。前職の時のような夜遅くに満員電車に揺られ、ほぼ寝ながら家に帰り、自分の時間も過ごせず疲れて倒れるように寝ていた以前の生活とはかけ離れていました。むしろ家に帰る時間が早すぎて、これから何しよう?と考えるほどです。

そんな生活を毎日繰り返すことで、心身ともに健康的になったと思います。働き始めは同じ農園で働いている方に「顔色が悪い」「体調が悪そう」と心配されていました。確かに以前は日光に当たらない生活をして、休みの日は疲れて家にこもっていたので日焼けをするはずもなく、その時初めて自分が心身ともに疲れていたんだなぁと実感しました。

同じ農園の方と畑に出向いて作業を手伝わせていただき、同じことを研修終わりに自分の借りた畑に投影する。時間が間に合わない時は、研修が始まる前に起きて、作業してから研修に行く、そんな生活をしながら1年間しっかりと柑橘栽培について教えていただきました。仕事の前に自分の仕事をするのはとても大変で、何度も心が折れそうになりましたが、農業の知識が0だった私にとって、やりながら覚えることが一番の近道だと考え、何度も自分を奮い立たせて畑に向かっていました。そうして学びながら過ごしているうちに1年が経ち、一通りの作業を教えていただいた私は研修を終え、「ふじやファーム」として女手ひとつでオーガニックレモンをメインとした柑橘の栽培を始めます。

なぜ「ふじやファーム」という名前なのかをよく聞かれるのですが、亡くなった祖父が生前「ふじや」という食堂を営んでいたことが由来です。祖父は自由な人で、やりたいことは片っ端から全部やる！　というイメージの人でした。私もやりたいことを自分の意志でやるんだ！　という思いから、その名を勝手に受け継いでふじやファームと名付けました。

また、一人で農業をするなかで「一番辛いことはなんですか？　挫折をしたことはありますか？」とよく聞かれます。生きている植物と向き合っている以上、いろんな大変なことがありますが、私にとって一番大変で挫折しそうな出来事は真夏の草刈りでした。そんなこと？　と思われるかもしれません。しかし、私の中で本当にこれが一番大変なのです。

私の作るレモンは「有機栽培ＪＡＳ」の認証を得た正真正銘のオーガニックレモンです。もちろん除草剤は使えません。草刈りは常用タイプの草刈りと、肩にかける草刈機を使って自分で草を刈ります。真夏の炎天下の中、２週間も経てば元通りに生えて来てしまう雑草との戦いは果てしないものです。特に7月～9月の初めくらいまでは熱中症になりかけながら草刈りをしています。他の作業もあるため、草刈りばかりもしていられません。薄暗い朝の涼しいうちに起きて仕事をし、また陽が落ちる頃に畑に行って仕事をします。

なぜ一人で頑張っていけるのかというと、夏が終わると秋、秋はレモンの収穫が始まる時期だからです。収穫時期は私にとって1年間の集大成です。今年はどんな1年だったのか作ったレモンを見ればわかります。だからこそ、収穫したレモンをお客様のもとへお届けするときは我が子をお嫁に送るような気持ちです。たとえどんなにしんどいことが起きようと、1年間一緒に頑張ってきたレモン達を自分の手で収穫し、それを購入したいと言ってくださるお客様のもとに送り出す瞬間は、何ものにも代えがたい喜びがあります。

もう一つ私が頑張れる理由があります。それは周りの方からの応援です。

まずは島の方達です。私が初めて島に訪れた時からとても暖かく受け入れてくださり、よく気にかけて声をかけてくださいます。時に厳しく、時に優しく栽培に関しても助言をいただきます。

そして、私のレモンを購入していただいているお客様の存在です。新しく知って購入いただいている方もいらっしゃれば、私がふじやファームとしてレモンを売り始めた頃から購入していただいているお客様もいらっしゃいます。私のレモンを待ってくださっている方がいる、そう思うことが私の仕事のモチベーションになっており、その為ならなんだって頑張ることができます。

なかには農業に対して、ハードルが高いと感じておられる方がいらっしゃると思います。私は移住6年目に突入し、「本当に私でもできますか？」「たった一人で怖くなかったんですか？」など、農業を始めることついての相談を受けることがよくあります。

正直に言います。できます。「私にもできたので絶対できます！」と胸を張って言えます。なにせ私は自己資金もほぼ無ければ知識もない。土にすらあまり触ったことのない人間でした。やり方次第、やる気次第で大きく変わると思います。

まずは研修先を見つけて働きながら栽培を学ぶこと。並行していろんな方に相談して農業を始める畑を決めること、その2つさえクリアできれば、あとはとにかく働きながら学ぶのみ！　1日の仕事を終えたら復習として自分の畑に同じことするだけで覚える速度が格段に上がりました。畑は島の農協や役場に出向いて情報収集をすることで見つけることができました。畑探しに関しても、樹がすでに植えてあり収穫がすぐにできる状態の畑を探すことで、すぐに売上につなげることができます。

このように、私とふじやファームは何もない0の状態から、少しずつ少しずつ共に成長していきました。

## 手探りで始めたレモン販売

ふじやファームには実店舗がなく、主な販売方法は「ネット販売」です。直接島に買いに来ていただく必要がないため、日本全国の方からご注文をいただき、たくさんのお客様に私のレモンをお届けしています。現在、自社のネットショップや産直サイトさんからふじやファームの商品をご購入いただくことができます。

ネットでレモン販売を始めるきっかけとなったのが、フリマアプリの存在でした。初めは自社サイトもなく、自分の作った果実をどこで売ればいいのか何もわからない状態でした。元々フリマアプリは、自分の使わなくなったものを売ったり、ほしいものを安く手に入れるために頻繁に使用していました。ここに出品してみれば売れるかもしれないと思い、試しにレモンを出品してみると、驚くことにレモンが売れたのです。これがきっかけでいろんなフリマアプリに出品し、ネット販売の経験を積むことができました。

とはいえ、ネットで柑橘を販売している農家さんはたくさんいらっしゃいます。その中でどうやってふじやファームのレモンを選んでいただけるのか？　そう考えた時に力を入れていこうと思ったのがＳＮＳでした。無料で手軽に閲覧できるＳＮＳを通して、日々の活動や樹の育成、今何を販売しているのかを逐一更新することによって、一人でも多くの方にふじやファームの存在をまずは知っていただき、レモンが買いたいと思ったときに「そういえば女手ひとつでレモンを育てている人がいたな」と少しでも思い出してもらうことができれば大成功だなと思いました。

ありがたいことに実際にＳＮＳを見て購入に繋がったり、私の取り組みに興味を持っていただいた企業さんからお取引のお話を頂いたりしています。ＳＮＳでイベント告知をすることで遊びにいらしてくださる方もいて、ＳＮＳのおかげでさらにお客様とのご縁が広がっていくことがとても嬉しいです。また、実際に買ったレモンの写真や、調理して素敵なお料理やお菓子に変身した姿をＳＮＳに投稿してくださるお客様もいて、それを拝見することがとても幸せです。

もう一つ私が大切にしている販売方法があります。それはイベントなどによる「対面販売」です。なぜかというと、お客様に実際に会いたいからです。私が農業を始めた理由の一つに「自分で作ったものを自分の手でお客様に届けたい」という強い想いがあります。イベントでの対面販売は、その夢を叶えてくれる場所なのです。

これまでに一番嬉しかったことは、ネット販売でレモンを購入いただいたことがあるお客様が「こんな素敵なレモンを栽培しているあなたにずっと会ってみたかった」と言ってくださったことです。私は生きていて、これほどまでに感動したことがあったかな？というくらいとても嬉しく感動し、身に余るお言葉をいただくことができました。

イベント販売といっても初めから頻繁に出店できていたわけではありません。初めは小さな地元のイベントから始まりました。売り上げが少なく、島から出て行く交通費だけでマイナスになってしまうこともしばしば。それでもお客様とお話するのが楽しく、レモンについて知っていただくことが嬉しくて、たとえマイナスになったとしても呼んでいただいたイベントにはできるだけすべて出店するように心かげていました。

そうしているうちに出店者さん同士と仲良くなったり、イベントに来られた企業の方と知り合いになったりして、新たなイベントに呼んでいただける機会につながりました。今では県内はもちろん、県外からも出店のオファーがあり、愛車のバンで駆けつけています。

SNSを見ていただいているお客様や、過去に購入していただいたことのあるお客様が「会いに来たよ」そう言っていただけることがたまらなく嬉しい瞬間です。

今後のビジョンとしては、オーガニックレモン農家としてさらに生産量を増やし、今よりもっと多くのお客様に私のレモンをお届けすることが一つの目標です。

そして、オーガニック栽培をするなかでどうしても生まれてしまう「規格外品レモン」の活用にも積極的に取り組んでいきたいと思っています。病気や病害虫によって見た目が

藤中夏実

悪いけど、中身は正規品と変わらない「規格外品」のレモンが栽培をするなかで2割程度出てきてしまいます。これまでは格安で販売したり、マーマレードに加工して販売したりしていましたが、生産量が増加するにあたって、すべての規格外品を捌けさせることが難しくなってきました。そこで、加工してしまえば見た目は関係ない上に、大量に消費することができるのではないかと考え、加工品の開発に力を注いでいます。

今では何点か商品開発に成功し、ネットショップに売り出している加工品も数点あります。これらが今後、広島県のお土産といえばこの商品！となれるように、これからも新たな開発や既存の商品のPRを、SNSなどを通して頑張っていきたいと考えています。

農業の楽しさはただ一人でのんびり作業できることだけではなく、こういった自分の作りたいものが現実になるということも楽しさの一つになるのではないかと思います。

農業は辛くて汚くてしんどい、稼ぐことができない。そんなイメージをよく耳にします。ですが、このように自分が作ったものが実際にお客様の手に届いて喜んでいただけたり、そこからさらに新しい商品を生み出してみたり、パッケージを考えてみたり、売り先に夢を膨らませてみたり、そんなことも農業の楽しさの一つであると私は考えています。

ここまで読んでくださった方は、農業に少しだけ興味が湧いてきているのではないでしょうか？

## 感謝とご縁の大切さ

私が農業をするなかで一番大切にしているのは「感謝の気持ち」です。他にもたくさんの大切なものがありますが、私の人生のすべてはここに戻ってくるような気がします。アパレル会社で自分のやりたいことに気づけたこと、大崎上島という私の第2の故郷に出会えたこと、農業という素晴らしい職業を教えていただいたこと。すべてが重なって今があり、幸せな私が形作られていて、感謝のもとを辿れば辿るほどキリがありません。

もう一つ感じていることがあります。それは「ご縁」の大切さです。人と人とのご縁の繋がりで私はここにいて、たくさんの方と仕事ができています。イベント販売で出会ったお客様だった方と一緒に仕事をしていたり、その方に紹介していただいた農家さんに素晴らしい加工品を作っていただいたり、ご縁というのはとても面白いもので、素敵なご縁はまた素敵なご縁に繋がるのです。それを教えてくれたのも農業です。

例えば前章でお話しさせてもらったイベント販売では、小さな地元のイベントで出会った方とのご縁で大きなイベントにつながり、そこで出会った方とのご縁で毎月大きなショッピングモールのイベントに呼んでいただいています。

そして、そのご縁から新しいご縁を繋いでいただき、加工品で製造している「りんごとレモンのサイダー」や「レモンバター」につながっています。その時に出会えてご縁があるからこそ、私は楽しく農業という仕事を営むことができ、そうして作られたレモンでお客様の笑顔につながっていると思うと、すべての出会いやご縁に感謝をせざるを得ません。

これからもどんなことが起きても私の原点は「感謝」「ご縁」だと思っているので、この2つを忘れず日々初心にかえりながら農業を楽しんでいけたらいいなと思います。

マイナスもプラスもすべてのことに感謝すること、どんなご縁であっても大切にすること、そしてやる気さえあれば不可能なんてないと私は思います。私がそれを自分の身をもって体現していきたいですし、体現している最中であると思っています。「こんな何もない子にできたんだから自分にもできるだろう！」間違いないです！　そう思っていただければ大満足です。そして何か踏み出す小さなきっかけになれたらとても嬉しいです。

今からでは遅い、なんてことはありませんし、自分には無理なんてこともありません。できない理由を探すのであれば、その倍の数のできる理由を探して前を向くことが一歩踏み出す力になるのではないでしょうか。

どうかたくさんの方にこの想いが届いて、より多くの同じ志を持つ方と出会い、一緒に日本の未来を明るくするお手伝いができればいいなと思います。

あなたへの
メッセージ

できない理由を探すのであれば、
その倍の数のできる理由を探して
前を向くことが
一歩踏み出す力になる

藤中夏実ｉさんへの
お問合わせはコチラ

# 運命のお皿1枚と出会えたことで誕生した作家もの食器サブスクサービス！

株式会社 SIZZLE WORKS 代表取締役
器のチカラ 代表

## 前田曜子

1980年、山梨県生まれ。派遣社員として転々と働くなか、たまたま配属されたウェブ求人広告媒体で画像補正の業務からデザインに携わり、画像加工・バナー制作等を経てデザイナーを志す。ウェブからグラフィックデザインまで複数のデザインプロダクションでスキルを磨いたのち、飲食企業にインハウスデザイナーとして約6年間従事。ブランディングマネージャーを経て独立。2018年、飲食専門のデザイン会社「SIZZLE WORKS」（シズルワークス）を創業。2021年、作家もの食器のサブスクサービス「器のチカラ」を開設。

## 1日の
## スケジュール

07:00　起床

08:00　観葉植物の世話、身支度、家事

10:00　仕事スタート（1日の予定確認、メールチェック）

11:00　クライアントとの打合せ

13:00　昼食

14:00　打合せやデザイン業務、および撮影等

18:00　仕事終了

19:00　帰宅、夕食準備、夕食

22:00　メールチェック、翌日の準備

23:00　就寝

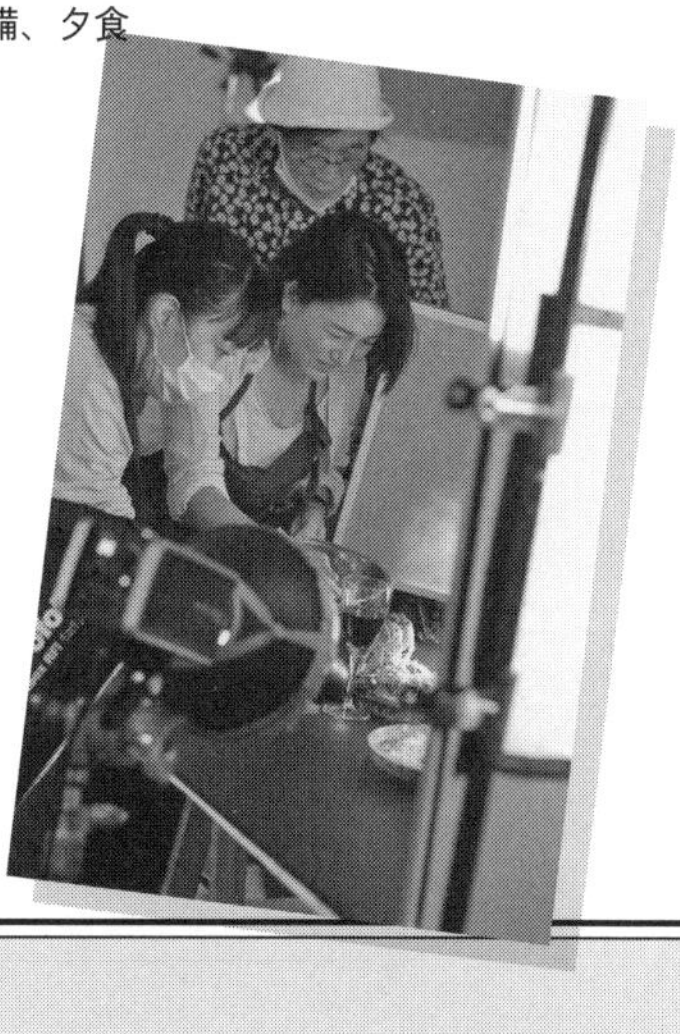

## 動き出したふたつのビジネス

今回、このような執筆の機会をいただき、手探りながらに歩んできたサラリーマンから経営者としての思考への変化や自分の棚卸し、そして、まだ志半ばではありますが、苦しい時の考え方や、新しいサービスを立ち上げようと模索中の方に「ゼロから一をつくるサービスの立ち上げ方」のヒントを伝えられたら幸いです。

現在私の行う事業は、2018年の開業時から行なっているデザイン事業の「SIZZLE WORKS」、そして2021年より開始した新規事業の作家もの食器のサブスクサービス「器のチカラ」。この2本立てになります。

まず、前者の既存事業は、「ブランドづくりから考える見せ方」で飲食に関するブランディングデザインを強みとしています。飲食業って、世界観がぎゅっとしていて、体感できる一連のすべてが重要なんですね。例えば食事に行くとき、今日の服装や気分、一緒に行く人、会話の内容に合うお店、無意識にそれらを総合的にみて、行くお店を決めていると思います。

そしてお店側は卓上の料理だけでなく、店構え、入口、内装、スタッフ、すべての空気を世界観としてお客様に感じてもらう。そんなお店づくりを、デザインの観点から「見た目を創るプロ」として提案しています。社長や担当者の話を聞き、一番伝えたい意図を一緒に探っていきます。そして、それをロゴやメニューのデザインなど、見える形にして提供しています。

料理の見た目「フードスタイリング」も強みの一つで、フードスタイリストとしての仕事も入ってくるようになり、料理に触れる機会が増えました。そこから生まれたのが二つ目の事業、お試しできる食器店「器のチカラ」です。

このサービスでは、日本の伝統工芸品である陶芸作家や職人が作る「うつわ」を1ヵ月から月額利用でお試し利用ができます。試してから買うことができる、新しい食器との付き合い方を提案するサービスになります。

一枚一枚作家さんの手から生み出されるうつわは、手に取るとなんとも言えない魅力があり、それぞれに違った「ゆらぎ」や「味」、「風合い」などの「表情」があります。実際に料理を盛り付けると食卓が一気に華やぎ、その質感が輝きを放ちます。そんな使ってみないとわからないことを多くの人に知ってもらいたいと考え、誕生したサービスです。

次の章からは、これらのふたつのビジネスについてお話していきます。

## たったひとつの遠くへ行く方法

高校時代、進路を決める頃にも、なにがしたいのかよくわからず、24歳まではいろいろな職を転々とし働きました。そして、たまたま派遣先として辿り着いたウェブ求人広告の会社で制作部に配属されました。画像補正をひたすらやるという単純作業でしたが、多い時だと一日に300枚ほど処理しており、2年間、一日中それこそ目がショボショボになるまで処理をし続けました。3年が経った頃には画像補正はエキスパートとなり、バナー制作や簡単なページデザインまでできるようになっていました。そしてクオリティで効果の変わるデザイン制作の面白さに深くのめりこんでいきます。

その後、キャンバスをもっと大きくしたくなった私は、グラフィックデザインの技術を独学と業務の中で身につけ、さらに技術のジャンルを広げていくためデザインプロダクションを数社転々とします。そして広告デザインなどを経て、兼ねてから興味関心のあった食の業界でインハウスデザイナーとして採用されました。

そこからは飲食デザインの難しさがとても楽しくて。だって一つひとつの世界観全体が消費動機に繋がるんですよよ。その飲食という難しさのあるデザイン業務を経て、ブランドデザインまで任せてもらえるようになりました。そして「ブランド」を深く考えたデザインを強みに独立したというわけです。

在職中、5年と11ヵ月、ブランドの芯を探す作業はとてもやりがいがありました。食材を提供してくれる農家さんや商品開発者のまっすぐな想いをヒアリングして、私なりに咀嚼したものを可視化し、お客様に感じてもらう。そしてブランドを好きになってもらい、ファンを増やしていく。それは決しておしゃれなものをつくることではない。情熱的な想いを形にするのは難しくもあり、喜びでした。

そんな貴重な数年を過ごしましたが、時の流れていく中、会社で任される内容との乖離を感じ、退職の決断をしました。立場や人間関係、マネジメントなどです。結局、法人化してスタッフを迎え入れていくと、また別の立場やモヤモヤと直面していくのですけどね（笑）。

独立準備は有給消化も含め半年ほど。起業後は順調でした。2年目には一人では回らないほどになり、スタッフを雇いました。

けれども3年目になってやっと現実を知ることになります。これまではご祝儀的にお仕事を頂いていたということ。大型の案件が被ったりして、忙しさにかまけ、最後まで寄り添えなかった後悔の残る対応をしたお客様からは、仕事がこなくなることもありました。

自分がやったことがすべて自分の評判になって返ってくる。一本一本全力を出し切って仕事をしないと次はない。手を抜いたら「二度目はこない」というシビアさに直面します。

自分もクライアントと同じ目線で悩むために、徹底したヒアリングで本人が何を理想としているか擦り合わせて探り、視覚化していく。そして、本人ですらふんわりとしているイメージを具体化させ、クライアントの期待を上回る提案を常にし続けるということ。それがないと報酬を支払う価値がないのです。これが独立した私が痛烈に気付かされた「事業を継続する大変さ」でした。

3年目にしてそんな厳しさを知る日々を、さらなる追い討ちのようにあの忌々しいコロナ禍が襲ってきました。

飲食業界が主たるクライアント先だったデザインビジネスは、もれなく大打撃。受注予定だった仕事が無期延期になったり、途中まで進めてきて凍結した仕事もありました。納品に至らなかった案件は、当然お支払いはいただけません。世の中が動けずにいるその期間は、当然私のデザインビジネスもストップ。ですがそんな中でも止まらず動くクライアントもあり、テイクアウトやデリバリーを開始するなど、新サービスを始めればデザインが必要になり「仕事」ができます。動くものに助けられて動くことができた。そんな経営者たちに学ぶこともできたし、売り上げをつくることもできました。

世の中が停まってしまった中、頂くことができたどんな仕事に対しても精一杯のアウトプットをし続ける。そんなふうになんとか凌いできました。そうこうしていくうちに、状況はすこしずつ変化し、また受注状況はよくなっていきました。

自分の働き方を振り返ると、計画性のなさに少し恥ずかしくなります。目の前のことを夢中になってやってきただけですが、先が見えなくて不安になった時、そんな時こそ、手元にある小さな仕事をコツコツと無心でやっていく。辛い状況も永遠に続かないことをコロナ禍で学んだ気がします。

進んでいる気がしないときほど、小さな歩みのように思えても、「しばらく歩いてきたなあ」と、ふと振り返った時に意外と遠くまで進んできたことに気がつく。そんなふうに乗り越えてここまできたように思います。

評価を気にしすぎないこと。それはきっと後からついてくるんだと思います。ビジネスパートナーとしてクライアントの立場に立ち、正しいと思ったことをやっていくだけです。

## 普段の料理が激変する「器のチカラ」

コロナ禍の経営的な厳しさから、クライアントビジネスのみの不安さと弱点を考え始めました。そして、友人との会話から発案に至った2つ目のビジネスが始まっていきます。世の中はおうち時間が見直され、インスタグラムは美味しそうなお家ごはんでいっぱいになりました。私は飲食デザインの提供と共に、フードスタイリストとして日頃からメニューや広告等の撮影で「作家さんの食器」を手に取る機会がたくさんあります。同じ料理でも、うつわが変わるだけでシズル感や商品価値がガラッと変わりました。

それは食卓でも同じ。盛り付けが変わるだけで美味しそうに見えたり、気持ちが高揚したり、家族が喜んだり、作り手の気分が変わったり、いつもの献立なのに味までもより美味しく感じる。作家さんの器には「食卓を豊かにする」そんな力があります。うつわで変わる「作る楽しみ」があり、同じ料理でも一枚のうつわのおかげで、自分を楽しませることができる。そして、それは一回一回の食事を大切にすることに繋がり、今日は何を盛ろうかな？　と料理を作業ではなく明るく前向きな気持ちにさせてくれます。

少しざらっとした手触りや質感、ゆがみやムラなど、機械的な正確さのある工業品にはない不均一な表情は、手に取るだけでハッとします。

作家さんが一枚一枚仕上げたうつわはオーラと存在感があり、食卓で異彩を放ちます。工業品と比較すると高価ですが、何を盛ってもカッコよく決まり、食卓が一気に華やぎます。

コロナ禍でおうち時間を余儀なくされた際に、この力を世の中に広めたいと思いました。しかし、そんな器の力を理解してもらうのはなかなか難しい。100円で売っている食器もある中で、1万円の食器が簡単には理解されないのもわかります。

そこで、以前より関心のあったサブスクを組み合わせたビジネスにしたらどうかと思いついたのです。以降は、よく仕事の話などして飲んでいた元同僚や身近な友人たちに「どう思う?」と話し始めました。話せば話すほど、イメージがクリアに具体的になっていきました。その会話の中からどうやったら成し遂げられるかを組み立てていったのです。

元々デザイン業でディレクターとして企画書や提案書、実行に至るまでをやってきた私にとって、成し遂げられる方法を探す行為は癖のようなもので、どんどんリアリティを増していきました。そして遂に、企画書のたたきが出来上がりました。

その一方で、友人の徳島出張に旅行がてらくっついて行った際に、運命の一枚に出会います。それが大谷焼、元山窯十代目 田村栄一郎さんのターコイズブルーの大皿です。直径30センチの大皿でフチのないフラットな1枚の皿。一万一千円でした。一目で惹きつけられ、ほぼ運命のように迷いなく、その1枚を購入しました。

自宅で使ってみるとその風格に驚かされます。普段から撮影の現場でいわゆる「いい食器」を扱ってきましたが、自宅で日常使いすることは意外と新鮮でした。本当に一気に食卓が華やぎ、普段着のサラダやサンドイッチが華やかになりました。いつもの料理が格段に美味しく感じ、家族も喜んでくれました。それが嬉しくて、面倒だった食事作りも楽しくなりました。インスタにも積極的に投稿したくなりました。たった一枚で気持ちがこんなにも変わる。衝撃でした。

実体験ができたところで企画が一気にリアルになりました。サブスクで作家さんのうつわを気軽に手に取ってもらえるサービスを展開したい。早速、田村さんにメールをし、話を聞いてほしいとお願いしました。

そして分厚すぎる企画書を持って再び徳島へ飛び、初めての商談にドキドキしながらもサービスの構想を説明しました。熱意だけで何者かもわからない東京から来た私の話を「面白いかもしれない」と受け入れてくださり、商談は成立しました。

そこから一気に資金調達やらサイト制作やらに奔走し、構想から1年半後の2021年10月に器のサブスクサービス「器のチカラ」をオープンさせることができました。まだまだ拙く立ち上がったばかりのビジネスは、デザイン業と二本柱で奔走しています。

デザイン業と新規のビジネスのバランスを取ることは想像以上に大変でした。まだ利益を生まない新規事業に時間を使えば、主軸であるデザイン業がおろそかになって運転資金が足りなくなり、デザイン業に注力すると、資金を注ぎ込んできた新規事業が全く進まないというジレンマ。なにより資金がたりなくなる恐怖がずっと隣り合わせでした。

ですが利用者の方々からは「作家さんの食器は敷居が高く初めてでした。届いた器を初めて見た時は、こうも違うのかと感動しました」「自宅に友人が遊びに来た際は、この器を使うと必ず素敵！と褒められます」などのお声をいただくことができ、この事業の価値を実感します。

また、プロの飲食店でも利用いただいており、「月額数千円で利用でき大変助かっている」「狭い厨房スペースでも季節に応じて交換できるので、毎日同じ料理を見る自分達も新鮮で、お客様にも喜んでいただいている」などの感想をいただいています。提携くださる作家さんも少しずつ増え、みなさん「作品を気軽に手に取っていただけて嬉しい」「わたしたち焼物業界も変わっていかないといけない。そういう時代なのですね」と喜んでくださります。

今後はこのサービスをさらに多くの方に楽しんでいただきたく、海外へ向けたクラウドファンディングも検討しています（2022年12月時点）。

## やらなかったこと＝思いついてないのと一緒

新規事業を始めるかどうかはとても迷いました。ここまで経験を積んできたデザイン業ですらコロナ禍もあって厳しい状況なのに、さらに新たな分野に手を出していいのだろうか。正直怖くもありました。

しかし、初めて田村さんの器を自宅で普段使いした時の感動と、それを広めたいという思いをなかったことにはできませんでした。

思いついてしまったアイディアは、「やらなかったら思いついてないのと一緒」。同じことを考えていたとしても、「口に出さなかった意見は、考えてないのと一緒」。前職の上司で大変お世話になった株式会社エー・ピーホールディングスの取締役、里見順子さんに言われた今も大切にしている一言です。迷った時に指標にしています。

ユーザーにも作家さんにもいいこと。その価値に気づいた以上、あとは仲間を集めて行動するだけです。一心不乱に働いていた頃の各分野に長けている優秀な仲間に、一人ずつ声をかけて協力を得ながら手探りで進めていきました。

なぜこんなことを思いついたのか。こんなサービスを考えているけどどう思う？　と自分が信頼する能力を持つ「仲間になってほしい人」に相談を持ちかけ、意見や情報を集めました。人に話しながら自分の耳で理解していくというか、やりたいことが整理されていくんですね。話すほどに企画の精度が上がっていきます。そして、その新しい未来の話に賛同してくれた仲間とは、報酬を提示して契約を結びました。友達だからではなく、こちらの本気度をビジネスとして引き受けてもらうためです。

相手に説明する際に一気にしゃべり倒してしまうほど自分が興奮できるかどうかは、実はとても重要なことです。後々苦しくなった際に諦めずに続けられるかどうかは自分の情熱次第だからです。

資金が尽きかけ、途方に暮れて心折れそうになったりした時は何度もありました。信用金庫や官公庁を駆け回り、苦しいのは常にお金の心配でした。それ以外はどうにでもなる。苦しい時は先のことは考えないフリをし、「どうせ後で笑えるから」と意図的に楽観しています。どこから手をつけたらいいかわからない時は、とりあえず手元の小さい作業をただこなすことをお勧めします。手を動かしてさえいれば思考がクリアになったり、周りの状況が変化したりするものだからです。あれ？と気づいた時にはすでに乗り越えていたりしますよ。

目立つのがあまり好きでなかった私は、いつも人からどう思われるかを心配していたのだなと最近思います。SNSも地元の友人にどう思われるのか気にしたり、どんなふうに見られてしまうかリスクを考えたりして、おもてに立つのは極力避けてきました。ですが、最近はやろうと思ったことは、誰にどう思われてもやるべきだと感じています。陰口叩かれても嫌われてもいいんです。

発信とは、賛同する誰かを見つける大事なチャンスなのかなと思います。今回の執筆は、注目されることの苦手だった私にとっても脱皮のチャンスとなりました。

最後に、私を支え関わり続けてくれる家族と友人に。また、ここまで読んでくださった方に感謝いたします。

会社員を辞めて独立、2本の事業を立ち上げてきた私の小さな経験が、どなたかのモヤモヤや迷いの少しでもヒントとなり、お役にたてますように。

あなたへの
メッセージ

苦しい状況でも
諦めずに続けられるかどうかは
情熱次第！

前田曜子さんへの
お問合わせはコチラ

# 母の想いを紡ぎ、生まれ育った故郷への恩返しをするために覚悟を決めた事業承継

有限会社お花畑 代表取締役

## 宗像有美

1986年、福島県郡山市熱海町生まれ。高校まで地元で過ごし、ニューヨーク州立大学デルハイ校へ進学。帰国後、一般事務・英会話講師・介護職を経験。2021年12月、母の後を継ぎ、有限会社お花畑の代表取締役に就任。介護職の傍ら、2022年9月、「誰でも気軽に集える憩いの場・はぎのごはん」をオープン。今後は、自らの体験を活かした介護職の魅力発信や、地域格差を小さくして「この町に住んでいて良かった」と思える町づくりを目指している。3児の母。

1日の
スケジュール

06:00頃　起床、朝食・お弁当作り、洗濯

07:30頃　出勤

17:00　静かにデスクワークスタート

20:00頃　帰宅、夕食、洗濯たたみ、お風呂など

22:30頃　就寝

## 地方の常識にとらわれない生き方

福島県郡山市熱海町。町内にスーパーはなく、コンビニまで歩いていけないほど田園風景が広がる田舎町。私はこの場所で生まれ育ち、現在は、実家から30分ほど離れた市街地に住んでいます。農業の傍ら会社勤めの父と介護事業を起業した母、兄2人と妹1人、祖母の7人家族で、祖母は私が高校生の時に他界しました。

高校は県内で1、2を争う進学校へ。1年生の頃の成績はそこそこでしたが、好きなことばかりしていたら、あれよあれよと時間が過ぎていきました。

高校3年生の夏休み、たまたまテレビCMで、海外留学も一つの選択肢であることを知り、高校卒業後は海外留学することを決断しました。18歳の女の子が一人で決めたことに、兄弟、親戚、高校の先生、中学の恩師など誰もが大反対。しかし、両親だけは賛成してくれて背中を押してくれました。

東京で一人暮らしをしながら1年間専門学校へ通い、ついにニューヨーク州立の短期大学へ留学。わずか1年半でしたが、経営学を学びました。最初の数ヵ月は、目の前の人が何を言っているのかよく分からず、自分の言葉も詰まる日々でした。ホームシックを経験しましたが、ルームメイトに恵まれ、毎日が新鮮でした。

グローバルで多様なアクセントの英語と、たくさんの国の文化に触れることができました。周りの人達が自分の国を誇り、知識が豊富で、あらゆるジャンルを語れるのに対し、大した歴史も知らず、日本の良さも分からない自分が情けないな、と感じる瞬間は多々ありましたが、ただただ充実した日々に間違いなかったです。留学していた時期に世に出始めたフェイスブックのおかげで、今でも現地の友人と繋がることができています。

宝物である子供たちを留学させたい、というのも私の夢の一つです。

地元に戻り、いよいよ本格的な社会人のスタートです。同じ職場でも、モチベーション高く大きな志を持って仕事に取り組む人と、文句を言いながら業務をこなし、お昼が過ぎると定時までどう過ごすかを考えて過ごす人、その中間の人と、多種多様な集まりでした。

一般事務員として就職した私は完全に、ただただ受動的な作業をこなし、自分の業務の範疇で効率性を見出し、自分だけがいかに楽になれるかを考えていました。上司の八つ当たりの的になることも多く、夜中救急外来へ行って朝まで点滴してもらい、何事もなかったかのように翌朝出勤することも何度かありました。とにかく早く辞めたい一心でした。

同じような経験をした同年代の仲間にはとても助けられて、今でも感謝しており、時折集まって近況報告をしています。

今振り返ると、愚痴が出たり、イライラしたり、というのは、自分を顧みず、すべてにおいて相手のせいにしていたからかもしれません。自分の言動、振る舞いを思い返す行動をしないまま、相手が変わることだけを望んでいました。

自分がなぜこの職場に望んで入ったのか。自分が入社前に成し遂げたかったことは何か。常に原点を振り返る機会を作る必要があります。そうしないと、その場に流されてしまい、惰性で貴重な時間を過ごしてしまうことになるんですよね。


結婚を機に退職し、自分にとって大きなライフステージを迎えました。「これまでの人生、そしてこれからの自分を想像し、やり残したことはないか」を考えました。この時はまだ、介護の仕事には一切興味もやる気もありませんでした。

せっかく留学していたのに、英語を使わない仕事をしなければ後悔するだろうと思い、日中は母の仕事の事務の手伝いをし、夕方から英会話教室の講師として勤めました。

自らレッスンプランを立て、生徒たちそれぞれの個性を把握したうえで1時間のレッスンをまとめるという、シンプルながらもなかなか思う通りにはいかない経験をしました。その分、生徒たちの笑顔や仕事の達成感に励まされ、その子たちの将来を想像するのも楽しみの一つでした。

妊娠を機に退職し、平成23年4月、東日本大震災の翌月に長女の出産を迎えました。震災の日から自分の実家で暮らしていたので、生後2ヵ月くらいから、実家の敷地内にある母の事務所へ長女を連れて、引き続き簡単なパソコン業務を手伝っており、軽い気持ちで、かつ自然な流れで入社しました。ホームヘルパーとして必要な資格は高校時に取得していたので、翌年4月から保育園に預けて、本格的に介護職として働き始めました。

ホームヘルパーの大先輩たちの背中を追いながら、介護福祉士、社会福祉主事取得。そして3人の出産を経て、母と同じケアマネージャーの資格を取得しました。とりあえず実務経験でとれる資格はとっておこうと決めていただけで、大きな目的はなく、自然の流れに身を任せながら働いていました。

しかし、仕事に慣れ、仕事量も増えていき、毎日目の前の業務をどうにかこなさなくてはならず、母か私の身に何かあった時のプレッシャーを想像するだけで恐怖が強くなりました。「このままではいけない、これからどんな人生にしていこうか」と考え始めたものの、「自分がやりたいことは何か」にフォーカスしてしまい、なかなか見つけられない自分にモヤモヤしていました。母の会社を継ぎたいのか？　全然違う世界の仕事をしたいのか？　そもそも働きたくないのか？　当時小さかった子供たちと全力で向き合うこともできず、周りの母親達と比較しては、仕事と家庭とのバランスにも悩んでいました。

何か変化を求め、アクションを起こしました。元々人と会うのが好きだったので、異業種の経営者が集う会へ足を運んで、セミナーを受講したり、交流を深めました。

これまで何となく生きていた私が変われたきっかけは、「強い信念をもち、ブレない生き方をする先輩方」との出逢いでした。一瞬早すぎず、一瞬遅すぎず、数々の貴重なご縁に恵まれ、「自分にとって大切なもの」を考えるきっかけをたくさんの方々から頂きました。そんな尊敬する方々が親身に話を聴いてくださり、気さくに関わってくださり、自分の想いや考えをアウトプットする大切さを学びました。

そのころ、五年日記を買い、日々の出来事や想い、体調などを記録していきました。五年日記は自分と向き合うために。継続すると、自分の考え方の傾向や行動パターンを客観視することができます。その結果、自分が大切にしたいもの、わくわくする感情が湧く時、自分がやるべきことが、すべて明確ではなくとも、少しずつ見えてくるようになりました。自分迷子の方にはとてもおすすめなので、ぜひ試してみてください。

そんなこんなで、「全員がやりたいことがあるとは限らない」「やりたいことがなくたって良いんだ」と気づいたのです。

## やりたいことをやるのが全てではない

幼少期から母の背中を見てきて、「私は同じ仕事はしない」と心のどこかで思っていた記憶があります。不規則なリズムで働き、帰宅するときは独特の匂いがして、汚い仕事というイメージが強かったからです。

母は常に「目の前の困っている人優先」です。それは、意図的なものではなく、そういう感性で生きているのだと身近で見ていて感じます。自分の身を削ってまで……。そんな人生は嫌だと思っていたのかもしれません。

産後、母の会社に就職してから介護の現場を見るようになり、母や母と共に働いてきた先輩たちの利用者様に対する対応や想いを学び、実際に自分もホームヘルパーとしてたくさんの人生の先輩方と出逢い、人生勉強をさせていただきながら仕事ができて、こんなにありがたく温もりあふれる仕事なんだ、と年月が経つにつれ思うようになりました。

肌と肌との触れ合い、そしてお互いの言葉のキャッチボールで、自分たちの世界を創り出せる仕事です。ホームヘルパーは、ご自宅へ訪問して支援する仕事なので、玄関を開けるたび、お一人おひとりの人生のエピソードに出逢えます。そのように世界を創造する喜びがあります。私たちを待ってくれて、受け入れてくれる仕事。やりがいは人それぞれですが、一人だけの幸せよりは目の前の人の笑顔に触れられる方が幸せは大きいものです。介護が必要な状態になっても、それぞれの人生の花を咲き誇らせるお手伝いを、母の代からモットーにしています。

これほどの良い経験ができる介護の魅力を発信し続けることが、実際に携わっている私たちの使命です。今回出版に応募したのも、そのための一つの手段でもあります。

若くて健康だと、介護が必要になった自分をイメージすることは到底できないですが、いずれは通る道です。今の自分があるのは、先祖代々、そして高齢となった方々が今を作り上げてくれたおかげであることを忘れてはいけないと日々関わる方々に感謝しています。

数年前までは、嫌なことがある度に「この仕事を続ける必要はない、やりたいことを見つけよう」と逃げ道を考えることもありました。ただ、結局やりたいことを見つけられないまま、こうして今の仕事を続けられているということは、運命でもあり、これを全うしないことには何をやっても変わらないのかな、とたくさんの人との出会いを通じて学びました。

生まれ育った故郷への恩返しをしていきたいという気持ちを抱き、「生きる喜びの実現」「働く喜びの実現」に向けて、２０２１年12月１日事業承継。

　代表交代をする前から会社の今後について考え、経営者の視点を持っていたつもりでした。ところが、びっくりするほど物事の見方が変わりました。今までは利用者の幸せに重きを置いていましたが、ご縁あって共に働く仲間への責任がこれまで以上に強くなり、「一人ひとりがいかに充実して働けるか」「これまで長年に渡って働き続けてきてくれた人たちは、母の何をもってついてきてくれたのか」を深く考えるようになりました。まだまだ答えは模索していますけどね。

　創業時から経営理念というものは存在してなかったのですが、母自身が理念だったんだと思います。「笑顔溢れる人生の花を咲かせたい」その一心で。

　10年以上同じ組織にいるなかで、「やらされている仕事」の辛さは、「自分の意思でこの仕事をしていることを自覚し、主体的に動くことで意識が１８０度変わる」と身をもって学びました。いつの間にか惰性で生きていることに嫌気がさすようになりました。

## 助けてと言える強さを

現在、小学生2人、幼稚園児1人の子育てをしています。数年前までは、朝起きてから送り出しまでの戦争タイム。日中フルで動き回り、お迎えの時間スレスレでセーフ。夕飯を作る時間になると、ワンワン泣き叫び、おんぶしても抱っこしても何しても落ち着かず、料理も中途半端。泣き声と寝かしつけるまでの時間のプレッシャーで、自分もイライラ&クタクタMAX。訳わからぬまま食事を終わらせ、お風呂からの就寝。世のお母さん誰もが通る道ですね。今思い返すと、凄まじい生活だなぁと我ながらゾッとします。

今は末っ子も大きくなり、子どもたち間で激しい喧嘩はありますが、自分の手に負えないということはなくなりました。末っ子は3歳くらまで体が弱く、肺炎で入退院や熱性痙攣で救急搬送を繰り返しましたが、今ではすっかり丈夫になり、口も一番達者です。

他のお母さんと比べて、「おいしいご飯を作ったり、一緒に勉強をしてあげられていない」と、定期的に「育児放棄ノイローゼ」に陥ることがありました。仕事も徐々に忙しくなり、それを見ていた夫や両親、長男夫婦、次男、妹が自然と、迎え・土日などの子守などをサポートしてくれるようになりました。

自分の幼少期を思い返すと、母も私たちを子育てしているときは、祖母や母方の叔母、父方の叔母たちのサポートを最大限に受けてきた記憶があります。このように恵まれた環境にいる以上、思う存分甘えて、たくさんの手の中で子育てができることをありがたく、かつ誇らしく思います。私自身もたくさんの人たちに育ててもらい、たくさんの考え方に触れてきたのです。だから、一人で頑張る必要はないと考えました。

子供たち3人には、親が居なくなっても、寄り道や道に迷うことがあろうと、しっかりと自分の足で自分の人生を歩んでほしいです。

私自身の生き様を見せつつ、日頃の出来事を通して考えていることを分かりやすく伝え、いろんな世界を見せること。我が子でありながらも、別の人間。我が家に生まれてきてくれたことに感謝し、子育てはできないけれど、たくさんの体験をさせることで視野を広くもち、「こうでなくてはならない」なんてことは存在しない、と知って欲しい。

素直に、分からない時は「教えてください」、困っている時は「助けてください」と言えるように。また、その逆の時は相手への思いやりを忘れずに育ってほしいです。

子育ては思う通りにならないものです。トライアンドエラーの繰り返しで、自分が子供たちに育てられています。残り数年、一緒に過ごせる限られた時間をいかに有意義に使うか。どれだけの思い出を共有できるか。精一杯ワクワクを忘れず楽しみたいです。

# 日々の選択が人生を創る

自分にとっての理想の人生とはなんですか？

人生の最期に「自分が大切にしたいことと向き合えた自信」が持てるでしょうか。自分の人生を後悔したり否定したりしないために、誰かと比較することなく、誰のせいにすることもせずに生きたいですよね。

もちろん常にフルパワーである必要はありません。ただ、理想の自分の姿に近づくために、その行動が本当に必要なのか？を常に問う習慣を、子どもたちに言うばかりではなく、自分も継続的に実践していきたいです。

「全ての因は我にあり」という言葉が私の人生に大きな衝撃を与えてくれました。この言葉に出逢う前は、自分に余裕がない時やうまくいかない時に、何か・誰かのせいにしていました。そのほうがその時は楽なのです。

ただ、結局は同じ繰り返しなのだと気づきました。

自分の人生の主人公は自分であり、他の誰のものでもありません。すべての責任を自分でもち、日々行い続ける選択を自分の意思で行い全うするしかありません。

今やるべきこと、やっていること、やらぬべきこと、日々の判断・行動の一貫性の大切さ。他の誰でもない、自分が日々選択を繰り返し、今の自分はすべてその蓄積。

数年後、今と同じことをしている自分は嫌だな、という感覚を大切にしたいです。そのためにはチャレンジし続けなければなりません。乗り越えられない試練を神様は与えないので、大きなことを成し遂げる必要はなく、小さなチャレンジの積み重ねを大切にしたいです。

今の私が一番ワクワクすることとは、生まれ育った地域の方々の笑顔に触れることです。それが叶うのであれば、「介護」が一つの手段になってもならなくても、何でもチャレンジしていきたいと思っています。

たくさんの笑顔に触れて、ご縁を大切に繋いでいく。その軸に沿って、私がこれからできることとは、高スキルでもエゴでもなく、「人間力」を高め続けること。この人と関わることができて良かった、と他の人から思ってもらえる魅力を養い続けていきたいです。

これまでの人生、どの場面においても仲間には本当に恵まれてきて、思う通りにならないことがあっても、同じ苦楽を共にする仲間に支えられて、だいたいの事は乗り越えてきました。

もし、周りに頼れる人がいないと感じる人は、アンテナを張ってください。身近に公共的なものもありますし、悩んでいることを話してみると、共感してくれる人は思いの外たくさんいるはずです。

私は昔から意地っ張り？恥ずかしがり屋？なのか、家族含め友人にも自分の悩みや夢を語ることはほとんどありませんでした。「話したところで、何か解決するわけではない、すべては自分次第だし」と投げやりな部分もあったのでしょうか。今はたくさんの人に支えてもらっているのを実感していますし、自分を表現することで思わぬチャンスが舞い込んでくることも何度も体験しました。

今はＳＮＳ等で世界中の人達と繋がれる時代です。自分にとってはマイナスと思っている環境であったとしても、それをプラスに変えるのは自分次第です。

一人で思い悩まず、まずは身近な人に話をし、自分が笑顔でいられることが一番です。自分を大切にできなければ、目の前の人を幸せにすることはできません。

自分にとって大切なものを大切にするために。

あなたへの
メッセージ

乗り越えられない試練を神様は与えないので、
小さなチャレンジの積み重ねを大切に。

宗像有美さんへの
お問合わせはコチラ

# 好きなことを仕事にした「わたし」が癌になって気づいた本当に大切にするべきもの

インテリアデザイン／不動産会社 代表

## momo

1989年、兵庫県出身。大阪在住。大学で建築やインテリアを勉強し、不動産会社に就職。大好きなことを仕事にして活躍している人を身近に見て、憧れと尊敬を抱き、自分の人生と向き合う。一度きりの人生を、大好きなインテリアの仕事をして生きていくと決めて、設計事務所を経て、ハウスメーカーに転職。インテリアコーディネーターとして経験を積み、28歳で独立。「心が喜ぶ部屋づくり」をテーマとして、年間100件ほどの内装デザイン・家具コーディネート提案をしている。また、自身のデザインスキルを武器に、自社でも賃貸用不動産を所有し満室経営を目指し日々奮闘している。

## 1日の
## スケジュール

08:00　起床

09:00　メールチェック、スケジュール確認、指示

09:30　プラン作成、事務作業、又は現場打合せ等

13:00　昼食
現場確認、移動

19:00　現場打合せ後の資料作成＆まとめ

22:00　デザインプラン、不動産事務、その他事務処理
翌日の準備

25:00　就寝

# 「好き」を極めて起業する

はじめまして、momoと申します。

私は大阪でインテリアデザインと不動産賃貸会社を経営している、アラサー女子です。気がつけば、この業界に入ってから早10年が経ち、かれこれ1000件近くのお仕事をさせていただいています。今でこそちょっとした肩書きのあるような仕事をさせていただいていますが、最初からインテリアの仕事をしていたわけではありません。元々はデザインセンスも、スキルも才能もなく、いわゆる平凡女子で、OL、フリーター、派遣社員を経験し、今に至ります。今の私に至るまでに、唯一ラッキーだったことといえば、子供の頃から「インテリアが大好き」だということを自分でハッキリと認識していたことです。

大学4年間ではインテリアデザイン、建築を学び、毎日図面を描いたり、模型製作・資格の勉強に明け暮れていました。今の仕事に直結する、宅建、インテリアコーディネーターなどの資格は就活に有利になると判断し、就活が始まるまでに取得しました。

ですが、はっきり言って私は賢くもなく、成績は下から数えた方が早いような人間です。学生時代も学年で最下位のクラスでした。苦手分野はどう頑張ってもストレスにしかならなかったため、克服するより、一切やらない、という方向に切り替えました。

**「好きこそものの上手なれ」…この言葉の通り、自分の好き（得意）な分野を徹底的に極める方が、人生は何倍も楽しく良い方向に展開していくことに気づきました。**

そもそも、なぜ私がここまでインテリアの魅力にのめり込んだのか……。それは、素敵な空間は人を笑顔にしたり、リラックスさせたり、ワクワクさせたりする力があるからです。私はそのインテリアの力で人を笑顔にしたい、それを仕事にしたい。と思いました。

中学3年生のときに、私の人生で激しく心を揺さぶられる経験が2回も起こりました。

1つ目は、私が肝臓を悪くして、およそ1か月間入院したことです。当時の主治医には、「助かったから言えるけど、あのとき命も危なかったよ」と言われました。原因は不明ですが、ウイルス性の肝炎で、もう少しで肝臓移植が必要となる可能性もあったようです。

2つ目は、私がこの肝臓の病気で退院した翌月に、父が脳出血で倒れ、そのまま四肢麻痺となり、そこから14年間、自宅で寝たきりの介護生活を経験したことです。

この2つの出来事を中学1年生の思春期の時期に経験し、私の今の人生の価値観に大きく影響を与えています。

日々、当たり前だと思っている日常が、実はとてつもない奇跡だということ。思春期真っ只中に経験した、「人はいつ死ぬか分からない」という命の儚さや、当たり前だと思っていることへの感謝の気持ち、これが今の私のマインドの根底にあります。

この体験を機に、「私もいつか死ぬんだな」と、人生のタイムリミットを意識しだしました。そこから、自分の一度きりの人生を後悔なくやり切りたいと思い、好きなことを仕事にして、楽しく幸せに成功している姿を夢見るようになりました。

キャリアのスタートは、不動産会社のＯＬでした。しかし、このまま終わらせたくない、好きなことを仕事にして人生を惜しみなく生きていたいと思い、未経験のゼロからインテリアの世界に飛び込みました。

そこから４年の実務経験を積み、次のステージへ進むか悩んでいたころ、父の他界を機に決断し、自分の力で挑戦してみようと独立しました。

## とにかく一生懸命やると次第に道が拓ける

仕事とは、誰かのお困り事や悩み事、ニーズに応えることで対価を得ることです。私の仕事の場合は、インテリアデザインや素敵な住空間を提供して、その空間に触れる人をハッピーにしたり安らぎをもたらせたりするサービスとなります。

インテリアのデザインは、商品として形で見えない部分が多く、価格以上の価値を理解していただくハードルが高く、時間がかかり、実績の少ない最初の頃は苦労しました。独立して6年目になりますが、スタート時は、毎日夜通しプランを作り、提出する度に、良い返事がもらえるか、プレッシャーで何か月も胃を痛くしていたのを覚えています。最初の3年間はあまりゆっくり寝た記憶はありません。

しかし、私がやるべきことは、与えられたチャンスをひとつずつ、自分の最大限を尽くして一生懸命創り上げることです。まさに、一物件につき一棟入魂の気持ちでいると、気がつけば、「またお願いね」と言って続々とリピートをしていただいたり、ご紹介していただけるようになっていきました。私の想いが届いたお客様がどんどん増えて、ありがたいことに、この6年間、まともに営業や広告を出したことがありません。リピートのお客様やご紹介だけで年中大忙しなのは、本当にとてもありがたいことです。
私にとってこの仕事は趣味でもあり、天職です。けれど、対価を得る以上、趣味のレベルでは許されません。プロとして、お客様に提案できる最大限の最善なプランを練り続け、常にスキルアップをしていかなければならないのです。毎日無我夢中で仕事をしていたら、気がつけば丸5年が過ぎていました。

**人生で一度くらいは、何かにとりつかれたかのように、無我夢中でたった一つの事だけに集中して生きてみることは、その後の人生を大きく変えるきっかけや経験に繋がると思います。**

現代社会は情報が溢れていて、選択肢も多くあり、何か新しい事にチャレンジしやすい環境だと思います。最初は自信なんて無くて当然だと思います。私も当初は全く自信がありませんでした。しかし、後悔なく全力でやり続けることをひたすら繰り返していく度に、実力も経験も蓄積され、それがいつしか大きな自信や確信に変わっていきました。
とにかく目の前の与えられたことに責任を持って一生懸命やる、ということは、仕事をやるうえで本当に大切なことだと思います。私は、独立前に働いていた会社を退職した際に、ぜひ業務委託として今の仕事を続けてほしい、とお声かけいただき、独立後の不安定な時期に定期的にお仕事を頂けたので、精神的にも経営的にも安心できました。
もちろん当時は下心なく働いていましたが、当時の働く姿勢や努力を見てくれている人がいたのです。本当にありがたかったですし、今もずっと大切な取引先様として感謝をしています。

「今、目の前に与えられている課題を一生懸命にやる」

これは、人生を好転させていくためにもとても大事なことだと思います。もちろん、思うようにいかないことや問題は毎日起こります。しかし、そんな時は何度も深呼吸をして、感情的になるのを抑えて、冷静に考えるように心がけています。
人生は、自分自身が日々、選択を繰り返して生きています。何を食べるか、何を着るか、どこに住むか、誰と暮らすか、どんな仕事をするか。どんな些細なことでも大きな決断でも、最終的には自分自身が決めていることが大半です。その「決断の連続」が自分の人生を作っていっているのだと思います。

## 苦難を乗り越えると見えてくるもの

人生は時に素晴らしく、時に残酷だなと思います。私は今の仕事を始めて4年目の32歳の時に癌が見つかりました。人生において起こる事象は、「すべてに意味がある」そう思いたくても、そんな綺麗ごとでさらっと片づけられるほど薄い苦しみではありません。「すべてに意味がある」とは、どうしようもなく辛い時に、深い闇から這い上がるための一筋の希望の光として、自分自身を救い出すための唯一の言葉なのだと思います。

癌を告知されたとき、さまざまな感情を味わいました。一番の感情は、悲しさや辛さよりも、悔しさでした。めちゃくちゃ腹が立ちました。なんで私が？　何か悪いことをしたかな？　ただ一生懸命頑張ってきただけなのに……。もしも治療がうまくいかなかったら、もうすぐ死ぬのかな。思ったよりも私の人生は短かったなぁ。まだ何も残せていないや……。そんなことを思いながら、一人で思いっきり泣きました。

私は、この病気になるまで、夢や目標は自分の努力とやる気・情熱さえあれば手にできるものだと信じていました。何だってやれる、やれないのではなく、やらないだけだ、という根性論的な考えがあり、自分次第で何だって乗り越えられると思っていました。

しかし、人生はどれだけ努力しても報われないこともあるということを知りました。

いつか子供がほしいなと思っていたのですが、この癌の治療法は一般的には子宮全摘だと告げられたのです。一度目の手術の結果が悪くて、医師からその説明を受けたときには涙が止まりませんでした。しかしその後、素晴らしい先生との出逢いで、妊娠の可能性も残せる手術をしていただき、大手術が無事に成功し、今は追加治療なく経過観察をしています。幸い重度の後遺症もなく、今まで通りの日常を送ることができています。

手術直後は水を飲むことも許されず、一日数回、うがいで口を湿らすだけの時間が唯一の楽しみでした。水が飲めるようになっても、手術で切ったお腹が痛くて、たった50㎝先の机に置いてある水に手が届かず、飲むのを諦めました。外の風を感じ、思いっきり外の空気を吸えること、行きたいところに行き、食べたいものを食べられること、健康であること、そんな当たり前の日常が最高に幸せだったのだと気づかされました。

今は、どこにだって行ける。食べたいものを食べて、会いたい人に会える。こんな当たり前の日常が奇跡なのだということは、死の恐怖を体験した人にしか分からないと思います。今も頭の片隅には、再発や転移の恐怖、不安がゼロとは言えません。しかし、だからこそ、今を全力で生きたいと思って日々生きています。

とはいえ、癌との闘いは、身体よりも、心や感情が追いついていくのに時間がかかりました。見た目はいくら元通りとはいえ、臓器の一部を失い、お腹にも大きな傷跡が残っているのです。もう前の身体には絶対に戻れないという喪失感や、周りの人たちと比較して自分は違うのだ、という劣等感、孤独感を大きく感じて、感情がぐちゃぐちゃになることもありました。

そんな中で私が私でいられるのは、周りの方々のおかげです。私の命を救ってくださった執刀医の先生、看護師さん、一緒に癌と闘った同じ病室の仲間、私がいなくてもしっかり仕事をまわし続けてくれる会社のみんな、辛い時に一緒に泣いて励ましてくれる親友や癌サバイバーの先輩方、そして、何があっても傍で支えてくれる家族の存在です。必然のごとく出逢ってくださった素晴らしいご縁にいつも感謝しています。

人間は、深い苦しみの中にいるときに、本当に大切にするべきものが何なのかがわかるような気がします。**「この短い人生の中で、何を捨てて何を得るのか。誰と生きていくのか」**を意識するようになりました。少なくとも私の周りにいる大切な人たちには、今よりももっと未来が明るく幸せで居てほしいと常に願っています。家族・職場の仲間・友人・お世話になっている方々との時間を日々大切に過ごしていきたいなと思っています。

## 今日の積み重ねが人生になる

人生には必ず終わりがやってきます。

**《あなたは、自分自身にどんな人生をプレゼントしてあげたいですか？》**

笑顔いっぱいの愛に溢れた人生、たくさんの友人と楽しく過ごす人生、世界中を旅していろんな価値観に触れる人生、困っている人や苦しんでいる人に寄り添う人生……。

自分の望む人生は人それぞれ全く異なります。たった一度きりの自分の人生、あなたはどんな人生をプレゼントしてあげたいですか？

私は、これからもインテリアや不動産を通して、人を笑顔にしたり、誰かの役に立てたら、それが私にとって使命であり、生きがいです。

ゼロからの道のりを振り返ると、辛いことや傷付き、自信を無くしたこともたくさんありました。しかしその一方で、私のデザインが好きと言ってくださる方や、すべてをお任せすると信頼してくださるお客様が大勢いらっしゃいます。私はそんな方々に最大限に貢献したいですし、その方々がハッピーになることで、その周りにも必ず幸せが連鎖していくと信じています。最終的には、趣味や慈善事業で、病気や障害で家から出られない子供たちや、人生最期の空間をプロデュースしていきたいなと思っています。そこにいるだけでワクワクしたり、リラックスできたり、癒されたり、傷が和らいだり……。インテリアの力でそんな気持ちに少しでもなって喜んでくれる人がいれば、心から嬉しいなと思います。これは私が病気になる前から考えていたことで、15年間寝たきりで、部屋の天井しか見ることができなかった父に対して、最期まで何もしてあげることができなかった後悔があるからです。

また、今回の入院生活で、そのインテリアの力を改めて自ら体験することができました。大手術をした病院は、新しく建てられたばかりということもあり、素材や色味、照明の使い方、動線など、リラックスできるようなデザインやアプローチがされていました。一般的な病院に足を運ぶときのあの不安や恐怖、重苦しい気持ちが大幅に軽減されていた気がします。私自身も、入院中に少しでもリラックスできるような空間を意識しました。毎日何本もの注射や点滴で両腕中がアザだらけですが、好きな物や好きな色や香りに囲まれる空間で過ごすことで、少し気が紛れたり落ち着いたりしたのです。

良い空間・インテリアは、人間の感情や心理に直接的に良い効果を及ぼすと思います。私はこのパワーを信じて、これからも携わる人たちの笑顔が一つでも増えるようなお仕事をしていきたいと思っています。それが私の人生の正解なのかはわかりません。しかし、そうやって毎日を過ごし、それが積み重なって、振り返った時に、私の周りに喜んでいる人の姿がたくさんいることを想像すると、この道を進むことが後悔のない生き方なのだろうと思います。

10年後を目標に、大好きな仲間や私の活動に共鳴してくれるチームで、ワクワクするプロジェクトや魂が喜ぶ活動をしていきたいと計画しています。

今も地球上のどこかで戦争や飢餓、災害、病気に苦しむ人々がいます。その中で、私たちは奇跡的に日本という豊かな国で生きています。これはすでに最高にラッキーなことだと思います。その奇跡をすでに手にしている中で、何かに挑戦するということは、成功の可能性が無限大に広がっているのではないかと思います。

未来のことは誰にも分かりません。しかし一方で、未来を創るのは常に今日の連続です。もし今、自分の心の奥底で湧き上がる想いがあるとするのなら、それはまさに「今」この瞬間動き出すことが、後悔のない自分の人生を送る近道だと思います。たとえどんなに泥臭くて失敗だらけでも、自分がちゃんと納得できるなら、きっと素晴らしい経験になると思います。

私は世間で活躍されている経営者のような立派な知識も財力も華やかさも一切備えていません。零細企業で日々泥臭く、地味な作業を繰り返しているだけです。ですが、立派な肩書を背負ったり、見栄を張る必要もなく、自由にやりたいことに向かって突き進み、大好きな人たちに囲まれて毎日過ごせていて最高に幸せです。

そして、私たちが口々心身ともに健康に過ごせているだけでこれ以上の幸せはないのです。だからこそ、この幸せを噛みしめて、感謝を忘れず、たとえ今日死んだとしても後悔のないような生き方ができればいいなと思います。

**あなたは、自分自身にどんな人生をプレゼントしてあげたいですか？**

あなたへの
メッセージ

今、目の前に与えられている課題を
一生懸命にやることが
人生を好転させていく秘訣

momoさんへの
お問合わせはコチラ

momo

# 今からでも遅くない！　―おわりに―

最後までお読みくださり、ありがとうございました。

本書に登場する18名のストーリーはいかがでしたか？

きっと何かしらのヒントや勇気をもらえたかと思います。人生は泣いても笑っても一度きりです。人生の中で一番若いときは、「今」この瞬間です。

あなたには本気になれば、どんな状況であろうと理想の人生を実現する力が備わっています。


自分を信じてあげてください。


あなた自身が自分を信じてあげなければ、あなた以外の誰かから信じてもらうことはできません。

だから、まずは自分を信じて一歩踏み出してみてください。

大きな一歩じゃなくて大丈夫です。

例えば、本書に登場した18名の女性起業家の中で気になった人、相談してみたい人がいたのなら、問い合わせしてみてください。きっと親身になってあなたの相談に乗ってくれるはずです。

そういった小さな一歩の積み重ねが理想の人生へ近づけてくれます。

この本を閉じた瞬間から、あなたにとって新しい人生が始まります。好きなことを仕事にして、理想の人生を歩まれている未来のあなたと出会う日を私たちは楽しみにしています。

大丈夫。

あなたなら、できる。

Ｒａｓｈｉｓａ（ラシサ）出版編集部

# 好きなことを仕事に変えた「わたし」の生き方

2023年4月19日　初版第1刷発行

著者：Rashisa出版（編）
青木悠／上田あい子／浦野里美／佐々木映美／春原舞／髙橋由妃江／高橋ゆきこ／俵未來／富田祥恵／中田見雪／中村あい／中山静子／二反田恭子／Nocchi／藤中夏実／前田曜子／宗像有美／momo

発行者：Greenman
編集・ライター：濱彩
ブックデザイン：二ノ宮匡

発行所：Rashisa出版（Team Power Creators株式会社内）
〒558-0013 大阪府大阪市住吉区我孫子東2-10-9-4F
TEL：03-5464-3516

発　売：株式会社メディアパル（共同出版者・流通責任者）
〒162-8710 東京都新宿区東五軒町6-24
TEL：03-5261-1171

印刷・製本所：株式会社堀内印刷所



ISBNコード:978-4-8021-3388-3
Cコード:C0034